個人情報
保護法への
企業の対応

リスクマネジメントと
事例から見た実務の要点

島田裕次 著

日科技連

まえがき

　デジタル技術の進展に伴って、DX（デジタルトランスフォーメーション）が注目を集めており、企業が厳しい競争を勝ち抜くためには、DX を推進することが求められている。DX の推進においては、デジタル技術よりもデータが重要な意味をもっている。例えば、AI（人工知能）を活用したビジネスを行う際には、AI の解析対象となるデータが重要であり、いかにビジネスにとって有益なデータを収集し解析するのかが AI 活用の成否を左右するからである。

　データのうち特に重要なものが個人データである。個人データは、営業活動を始め事業活動を行う上でのキーになるからである。しかし、個人データの活用に際しては、個人情報保護法や各種ガイドラインの遵守が必須であることを忘れてはならない。

　本書では、企業を対象にして、個人情報保護に関するポイントを解説するとともに、リスクマネジメントの視点から説明している。さらに、個人情報に関わるインシデント（事件・事故）事例を紹介して、理解しやすい内容にしている。

　なお、2021 年改正で追加された地方自治体や学術研究団体については、説明から除いている。

　本書の構成は、次のようになっている。第 1 章では、個人情報保護の歴史を含めて、デジタル社会における個人情報保護の意義について説明し、第 2 章では、本書の中心となる 2020 年および 2021 年改正個人情報保護法のポイントを解説する。改正の背景、概要などについて説明した後に、同法の具体的な内容について説明する。2021 年改正については、未確定な部分があるので、今後の動向に注意されたい。

　第 3 章では、安全管理措置（個人情報保護対策）について、個人情報保護ガイドラインの分類に沿って、組織的安全管理措置、人的安全管理措置、物理的安

全管理措置、技術的安全管理措置について説明する。

第4章では、個人情報と関連が深いマイナンバーについて、マイナンバーに係るガイドラインに沿って説明し、第5章では、個人情報保護に関わる欧州(EU)の取組状況を紹介する。GDPRという言葉を聞かれた方も少なくないと思うが、EUで事業展開する企業は、その内容を理解しておく必要がある。

第6章では、個人情報に関わるインシデント(事件・事故)事例を紹介する。個人情報保護対策を講じる場合には、個人情報に関わるインシデントから学ぶべきことが多いからである。また、経営者を始め個人情報に携わる者に対して個人情報保護の重要性を認識してもらう場合には、実際に起きたインシデント事例を使って説明するとわかりやすいからである。

第7章では、リスクマネジメントの視点から個人情報保護について解説する。個人情報保護法では安全管理措置がポイントになるが、情報セキュリティ対策と類似点が多い。そこで、効率的・効果的な安全管理措置を講じる際には、リスクマネジメントと整合をとる必要がある。

第8章では、外部委託先管理、システム開発・運用管理に加えて、クラウドサービス、SNS、IoTを利用するときや、テレワークを行うときの管理ポイントを説明している。また、第9章では、情報セキュリティ、内部統制などとの関係について説明する。さらに付録として、個人情報保護チェックリストとマイナンバー保護チェックリストを加えたので、実務での参考にされたい。

本書の執筆に際しては、日科技連出版社の鈴木兄宏氏から貴重な御意見や助言をいただいており、この場を借りて御礼を申し上げたい。最後に、本書が企業における個人情報保護の推進に貢献できれば幸いである。

2021年11月

島 田 裕 次

個人情報保護法への企業の対応
目次

第1章
デジタル社会と
個人情報保護

1.1　デジタル社会の進展と個人情報

　デジタル社会の進展によって、データの重要性がますます高まっている。その中でも、個人データ、つまり個人情報の役割が極めて重要になっている。企業においては、図 1.1 および図 1.2 に示すようにさまざまな個人情報を取得しビジネス活動を進めるために活用している。

　例えば、小売業の場合には、顧客がどのような商品（品名・色、サイズなど）を、いつどこで購入しているかや、数量、金額、支払方法などの個人情報を取得・保存している。取得した個人情報は、マーケティングや顧客サービスなどに活用している。個人情報には、図 1.3 に示すような価値があり、個人情報の活用の巧拙によって、企業収益に大きな影響を及ぼすようになっている。

　特に近年は、顧客情報を多種大量に保存して、いわゆるビッグデータと AI を用いた解析ツールを導入することによって、顧客動向を分析したり、商品仕入れに活用したりしている企業が目立つようになっている。

　一方、個人情報の漏洩や不適切な利用など、個人情報を巡ってさまざまな問題が発生しており、企業では、個人情報を適切に保護することが喫緊の課題になっている。個人情報保護については、2003 年に「個人情報の保護に関する

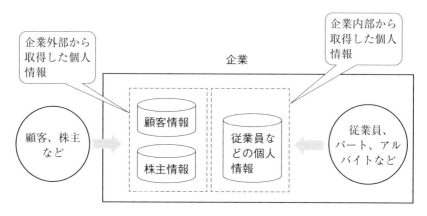

図 1.1　企業が保有・利用する個人情報

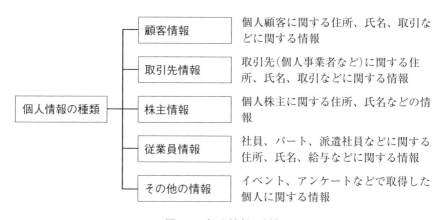

図 1.2　個人情報の種類

法律」(平成 15 年法律第 57 号、以下、個人情報保護法という)が制定され、企業に対しては、個人情報取扱事業者の義務等が定められている。個人情報保護法の目的は、第 1 条で次のように述べている(下線は筆者)。ここで、重要な点は、個人情報の活用と保護の両面から法律を定めていることである。

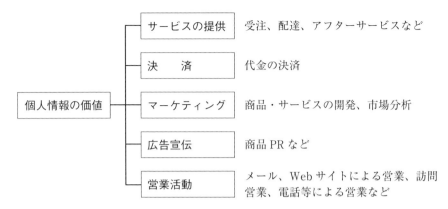

図 1.3　個人情報の価値

個人情報保護法

第 1 条　この法律は、デジタル社会の進展に伴い個人情報の利用が著しく拡大していることに鑑み、個人情報の適正な取扱いに関し、基本理念及び政府による基本方針の作成その他の個人情報の保護に関する施策の基本となる事項を定め、国及び地方公共団体の責務等を明らかにし、個人情報を取り扱う事業者及び行政機関等についてこれらの特性に応じて遵守すべき義務等を定めるとともに個人情報保護委員会を設置することにより、行政機関等の事務及び事業の適正かつ円滑な運営を図り、並びに個人情報の適正かつ効果的な活用が新たな産業の創出並びに活力ある経済社会及び豊かな国民生活の実現に資するものであることその他の個人情報の有用性に配慮しつつ、個人の権利利益を保護することを目的とする。

　さらに、2021 年 5 月 19 日に公布された「デジタル社会の形成を図るための関係法律の整備に関する法律」を受けて、個人情報保護委員会は、個人情報保護法についても、次のように取組みを進めている。「デジタル社会の形成を図るための関係法律の整備に関する法律(以下「デジタル社会形成整備法」とい

う。)により改正された個人情報保護法の施行日は、<u>行政機関及び独立行政法人等に関する規律の規定や学術研究機関等に対する適用除外規定の見直し等</u>(デジタル社会形成整備法第 50 条による改正)については公布の日から起算して一年を超えない範囲内において政令で定める日、<u>地方公共団体に関する規律の規定</u>(デジタル社会形成整備法第 51 条による改正)については公布の日から起算して二年を超えない範囲内において政令で定める日としております。」(下線は筆者)

　企業は、こうした動向に注目して、ビジネス戦略を考える必要がある。

1.2　個人情報とは何か

(1) 個人情報とプライバシー

　個人情報に関連する用語として、「プライバシー」がある。プライバシーとは、「他人の干渉を赦さない、各個人の私生活上の自由」(新村出編、『広辞苑第7 版』、岩波書店、2018 年)、「個人や家庭内の私事・私生活。個人の秘密。また、それらが他人の干渉・侵害を受けない権利。」(『デジタル大辞泉』、小学館)と説明されている。

　しかし、個人情報保護法では、第 2 条第 1 項において、個人情報保護法の対象とする個人情報を次のように定めている(下線は筆者)。

(定義)

第 2 条　この法律において「個人情報」とは、<u>生存する個人</u>に関する情報であって、次の各号のいずれかに該当するものをいう。

一　当該情報に含まれる<u>氏名、生年月日その他の記述等</u>(文書、図画若しくは電磁的記録(電磁的方式(電子的方式、磁気的方式その他人の知覚によっては認識することができない方式をいう。次項第二号において同じ。)で作られる記録をいう。以下同じ。)に記載され、若しくは記録され、又は音声、動作その他の方法を用いて表された一切の事項(個人識別符

号を除く。)をいう。以下同じ。)により<u>特定の個人を識別</u>することができ
るもの（他の情報と容易に照合することができ、それにより特定の個人
を識別することができることとなるものを含む。）
二 <u>個人識別符号</u>が含まれるもの

　ここで留意しなければならないことは、個人情報が生存する個人に関する個
人情報に限定されている点である。また、氏名、生年月日などで、個人を識別
できる情報のことだとしている。
　つまり、個人情報は、プライバシーよりも限定されている点に特徴があり、
企業において、個人情報保護を考えるときには、個人情報保護法を理解してお
く必要がある。

(2) 個人情報に関する概念

　個人情報保護を適切に行うためには、個人情報に関わる概念を整理しておく
必要がある（図 1.4）。個人情報保護法における特有の用語である個人識別符号
および要配慮個人情報について以下に説明する。

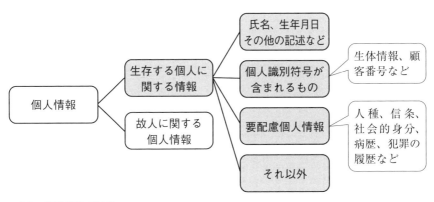

注) 網掛部分が対象

図 1.4　個人情報保護法の対象

①　個人識別符号

　個人情報保護法で聞き慣れない用語として、「個人識別符号」がある。個人識別符号は、個人情報保護法第2条第2項で次のように定められているが、要するに特定の個人を識別できる符号のことを指している（下線は筆者）。

個人情報保護法　第2条第2項

2　この法律において「個人識別符号」とは、次の各号のいずれかに該当する文字、番号、記号その他の符号のうち、政令で定めるものをいう。

一　<u>特定の個人の身体の一部の特徴を電子計算機の用に供するために変換した文字、番号、記号その他の符号</u>であって、<u>当該特定の個人を識別</u>することができるもの

二　個人に提供される役務の利用若しくは個人に販売される商品の購入に関し割り当てられ、又は個人に発行されるカードその他の書類に記載され、若しくは電磁的方式により記録された<u>文字、番号、記号その他の符号</u>であって、その利用者若しくは購入者又は発行を受ける者ごとに異なるものとなるように割り当てられ、又は記載され、若しくは記録されることにより、<u>特定の利用者若しくは購入者又は発行を受ける者を識別</u>することができるもの

　個人を識別できる符号として典型的なものは、顧客番号、学生番号、カード番号、従業員番号などが挙げられる。これらの番号、つまり符号は、企業活動を行う上で必要不可欠なものである。個人識別符号には、指紋、静脈、虹彩などの生体情報も含まれる。

　個人識別符号かどうかを判断する上で重要な点は、企業の立場から考えるのではなく、顧客や従業員などの個人の立場から考えることである。企業の立場から個人識別符号を考えると、その範囲を限定しようとしてしまうおそれがあるからである。ビジネス活動を進める上で、個人情報保護法の対象となる個人情報を限定しておいたほうが便利だからである。一方、個人の立場から考える

と、個人識別情報は、広く捉えてもらいたいと考える。さまざまな個人情報が活用される社会においては、個人情報を厳格に取り扱う企業が評価される。企業は、この点を理解した上で、個人情報保護に取り組むことが重要である。

基礎年金番号は個人識別符号にあたるのか

年金振込通知書について、宛名とは別人の基礎年金番号・年金コード、振込先金融機関および支店、年金支払額などが印刷された事件がある。この事例では、別人の基礎年金番号が印刷されていたと発表されたが、基礎年金番号は、個人識別符号に該当すると考えられる。

---

② **要配慮個人情報**

個人情報保護法でわかりにくい用語として、「要配慮個人情報」がある（下線は筆者）。

個人情報保護法　第2条第3項

3　この法律において「要配慮個人情報」とは、本人の人種、信条、社会的身分、病歴、犯罪の経歴、犯罪により害を被った事実その他本人に対する不当な差別、偏見その他の不利益が生じないようにその取扱いに特に配慮を要するものとして政令で定める記述等が含まれる個人情報をいう。

個人情報保護法では、要配慮個人情報について、「個人情報取扱事業者は、次に掲げる場合を除くほか、あらかじめ本人の同意を得ないで、要配慮個人情報を取得してはならない。」（第20条第2項）としている。特定の場合を除いて、その取得が制限されている点に注意する必要がある。

例えば、従業員を採用する際に、人種や信条などの個人情報を取得すると個

人情報保護法に抵触するおそれがあるので注意する必要がある。従業員の採用においては、応募者に対して質問してよい事項と、質問してはならない事項がある。企業の採用担当者に対して、面接における留意事項を周知・徹底する必要がある。

　このように、個人情報保護を適切に行うためには、個人情報保護法で求められている事項について、身近なビジネス活動に当てはめて考えることが大切である。

1.3　個人情報に関するデータベースの概念

　個人情報に関するデータベースは、個人情報データベース等として定義し（第 16 章）、個人情報データベース等は、個人情報を含む情報の集合物だと定義している。また、個人情報取扱事業者として、開示、訂正・追加・削除、利用停止、消去、第三者提供の停止ができる権限を有する個人データのことを「保有個人データ」（第 16 章第 4 項）と定義している（**図 1.5**）。

　個人情報取扱事業者は、本人から開示請求を求められたり、訂正・削除などを求められたりすることがあるが、この場合に対応しなければならないのは、当該個人情報取扱事業者が開示請求への対応や訂正・削除などの権限をもつ個人データに限られる。

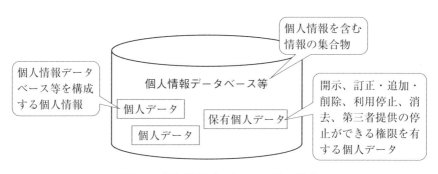

図 1.5　個人情報データベース等の構成

1.4　個人情報保護の考え方

(1) 個人情報保護法の改正

個人情報保護法は、2003 年に制定されて以来、改正を行ってきたが、2020
年 6 月 5 日「個人情報の保護に関する法律等の一部を改正する法律」が成立し、
同年 6 月 12 日に「個人情報の保護に関する法律等の一部を改正する法律」が
公布された。個人情報保護委員会は、「個人情報の保護に関する法律等の一部
を改正する法律（概要）」(https://www.ppc.go.jp/files/pdf/200612_gaiyou.pdf)
において、この改正は、「平成 27 年改正個人情報保護法に設けられた「いわゆ
る 3 年ごと見直し」に関する規定（附則第 12 条）に基づき、個人情報保護委員
会において、関係団体・有識者からのヒアリング等を行い、実態把握や論点整
理等を実施。」と説明し、「自身の個人情報に対する意識の高まり、技術革新を
踏まえた保護と利活用のバランス、越境データの流通増大に伴う新たなリスク
への対応等の観点から、今般、個人情報保護法の改正を行い、以下の措置を講
ずることとしたもの。」と説明している。具体的な措置については、後述する。

(2) 個人情報の保護と活用のバランス

個人情報保護法というと、個人情報の保護だけを目指しているのかと勘違い
される方もいるかもしれない。ビジネス活動を行うためには、個人情報の保護
と、活用の両方のバランスを取ることが重要である（**図 1.6**）。

個人情報保護をより厳格に進めようとすると、ビジネス活動を阻害してしま

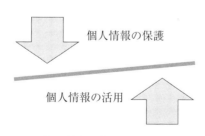

図 1.6　個人情報の保護と活用のバランス

う可能性が高くなる。一方、ビジネス活動をより有効かつ効率的に進めるためには、個人情報を活用することが求められる。例えば、顧客の購買活動に関する情報を取得して、商品の品揃えに活用したり、商品のPRに活用したりすることがある。ネットショッピングでは、推奨する商品や書籍が顧客のスマートフォンやパソコンの画面上に表示されることが少なくない。

　このように個人情報保護法には、保護と活用の両面があることを企業は理解しておく必要がある。また、両者のバランスは、社会的な判断で変化する。例えば、IC乗車券の乗降履歴を、個人が特定されないように加工して他社に販売しようとして問題になったケースがあるが、社会情勢の変化によって個人情報保護に対する要請は変化することに留意することが重要である。

(3) 安全管理措置が重要

　企業にとって、個人情報保護を考えるときには、個人情報保護法で求めている安全管理措置が重要である。安全管理措置については、次のように個人情報保護法第23条で定められている(下線は筆者)。ただし、この条文を読んだだけでは、どのような措置を講じればよいのかよくわからない。そこで、具体的な対策については、個人情報保護委員会の個人情報保護ガイドラインを参照する必要がある。

(安全管理措置)

第23条　個人情報取扱事業者は、その取り扱う個人データの漏えい、滅失又は毀損の防止その他の個人データの<u>安全管理のために必要かつ適切な措置</u>を講じなければならない。

1.5　個人情報保護法に関わる歴史

(1) 個人情報保護法の成立および改正の経緯

個人情報保護法を理解するためには、どのような経緯で個人情報保護法が成立し、その後どのような改正が行われてきたのかを理解する必要がある。個人情報保護法の成立および改正に関する経緯については、その主なものを個人情報保護委員会が整理して公表している（表1.1）。

(2) OECD 理事会勧告の個人情報保護原則

個人情報保護の考え方を理解するためには、個人情報保護に関する経緯を理解する必要がある。少し古い話になるが、OECD の理事会勧告に溯って、個人情報保護を巡る歴史を振り返ってみたい。

個人情報保護の基本的な考え方は、1980 年の OECD 理事会勧告（「プライバシー保護と個人データの国際流通についてのガイドラインに関する理事会勧告」をベースにしており、これを参考にして、旧通商産業省個人情報保護ガイドラインが策定された。個人情報保護の基本的な考え方は、次に述べる OECD 理事会勧告のプライバシー保護の 8 原則を基礎としている。

これらの原則は、個人情報保護の基本的な考え方を理解する上で重要である。

企業において、個人情報保護法だけでは、その考え方がわからないことが少なくない。そうした場合には、OECD の個人情報保護原則を参考にして考えるとわかりやすい。

① 収集制限の原則（Collection Limitation Principle）

適法かつ公正な手段によって個人データを収集するなど、個人データの収集は制限されるべきである。

② データ内容の原則（Data Quality Principle）

個人データは利用目的に沿ったものであること、収集した個人データの正確性、完全性、最新性を確保しなければならない。

デジタル社会と個人情報保護

表 1.1　個人情報保護法の成立および改正に関する主な経緯

年	月　日	出来事
1980	9 月	プライバシー保護と個人データの国際流通についてのガイドラインに関する OECD 理事会勧告
1988	12 月 16 日	「行政機関の保有する電子計算機処理に係る個人情報の保護に関する法律」公布
1999	6 月　4 日	自自公三党合意 • 個人情報保護に関する法律について、法制化の検討に着手し、〈中略〉3 年以内に法制化を図る。
	6 月 28 日	総理答弁（参議院本会議：住民基本台帳法一部改正法案質疑） • 政府としては、個人情報保護のあり方について総合的に検討した上で、法整備を含めたシステムを速やかに整えていきたい。
	11 月 19 日	個人情報保護検討部会「我が国における個人情報保護システムの在り方について（中間報告）」
	12 月　3 日	高度情報通信社会推進本部決定「我が国における個人情報保護システムの確立について」
2000	10 月 11 日	個人情報保護法制化専門委員会「個人情報保護基本法制に関する大綱」
	10 月 13 日	情報通信技術（IT）戦略本部決定「個人情報保護に関する基本法制の整備について」
2001	3 月 27 日	「個人情報の保護に関する法律案」提出（第 151 回国会）
2002	3 月 15 日	「行政機関の保有する個人情報の保護に関する法律案」等 4 法案提出（第 154 回国会）
	12 月 13 日	「個人情報の保護に関する法律案」等 5 法案審議未了廃案（第 155 回国会）
2003	3 月　7 日	「個人情報の保護に関する法律案」等 5 法案国会提出（第 156 回国会）
	5 月 23 日	「個人情報の保護に関する法律案」等 5 法案成立
	5 月 30 日	「個人情報の保護に関する法律」等 5 法公布、「個人情報の保護に関する法律」一部施行
	12 月 10 日	「個人情報の保護に関する法律の一部の施行期日を定める政令」「個人情報の保護に関する法律施行令」制定
2004	4 月　2 日	「個人情報の保護に関する基本方針」閣議決定
2005	4 月　1 日	「個人情報の保護に関する法律」全面施行
2008	4 月 25 日	「個人情報の保護に関する基本方針」一部変更 （過剰反応への配慮、プライバシーポリシー等の促進等）

1

デジタル社会と個人情報保護

表 1.1　つ　づ　き

年	月　日	出来事
2009	9 月　1 日	「個人情報の保護に関する基本方針」一部変更(個人情報の保護に関する法律の所管が内閣府から消費者庁に)
2013	6 月 14 日	「パーソナルデータに関する検討会」設置(高度情報通信ネットワーク社会推進戦略本部長決定)
	12 月 20 日	「パーソナルデータの利活用に関する制度見直し方針」(高度情報通信ネットワーク社会推進戦略本部決定)
2014	6 月 24 日	「パーソナルデータの利活用に関する制度改正大綱」(高度情報通信ネットワーク社会推進戦略本部決定)
2015	3 月 10 日	「個人情報の保護に関する法律及び行政手続における特定の個人を識別するための番号の利用等に関する法律の一部を改正する法律案」国会提出(第 189 回国会)
	9 月　3 日	「個人情報の保護に関する法律及び行政手続における特定の個人を識別するための番号の利用等に関する法律の一部を改正する法律案」成立
	9 月　9 日	「個人情報の保護に関する法律及び行政手続における特定の個人を識別するための番号の利用等に関する法律の一部を改正する法律」公布
2016	1 月　1 日	「個人情報の保護に関する法律及び行政手続における特定の個人を識別するための番号の利用等に関する法律の一部を改正する法律」一部施行(個人情報の保護に関する法律の所管が消費者庁から個人情報保護委員会に)
2017	5 月 30 日	「個人情報の保護に関する法律及び行政手続における特定の個人を識別するための番号の利用等に関する法律の一部を改正する法律」全面施行(個人情報取扱事業者の監督権限が主務大臣から個人情報保護委員会に一元化
2020	6 月 12 日	「個人情報の保護に関する法律等の一部を改正する法律」公布
2021	5 月 19 日	「デジタル社会の形成を図るための関係法律の整備に関する法律」公布。「デジタル社会形成整備法第 50 条による個人情報保護法の改正」、「デジタル社会形成整備法第 51 条による個人情報保護法の改正」
	6 月 23 日	「公的部門(国の行政機関・地方公共団体等)における個人情報保護の規律の考え方(令和 3 年個人情報保護法改正関係)」、「学術研究分野における個人情報保護の規律の考え方(令和 3 年個人情報保護法改正関係)」を決定

出典) https://www.ppc.go.jp/files/pdf/personal_development.pdf(個人情報保護委員会の資料)および個人情報保護委員会のホームページにもとづいて筆者が作成

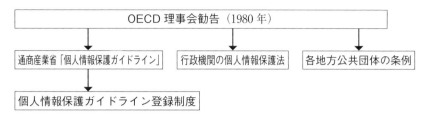

図 1.7　OECD 理事会勧告の影響

③　**目的明確化の原則**（Purpose Specification Principle）

個人データの収集目的を明確化し、収集目的内で利用すべきである。

④　**利用制限の原則**（Use Limitation Principle）

収集した個人データは、本人の同意がある場合などを除き、明確化された目的以外の目的のために開示、利用などされるべきではない。

⑤　**安全保護の原則**（Security Safeguards Principle）

データの紛失、不正アクセス、破壊などから合理的な安全保証措置により保護されるべきである。

⑥　**公開の原則**（Openness Principle）

個人データに係る開発、運用、政策について、公開されなければならない。

⑦　**個人参加の原則**（Individual Partnership Principle）

個人は、事故に関するデータの開示請求、データに対する異議申立て、消去、修正、完全化、補正に関する権利を有する。

⑧　**責任の原則**（Accountability Principle）

データ管理者は、これらの諸原則を実施するための責任を有する。

OECD 理事会勧告は、**図 1.7** に示すように、当時のわが国の個人情報保護行政に大きな影響を及ぼした。

(3) EU 指令

その後、1995 年の EU 指令（「個人データ処理に係る個人の保護及び当該データの自由な移動に関する 1995 年 10 月 24 日の欧州議会及び理事会の 95/46/

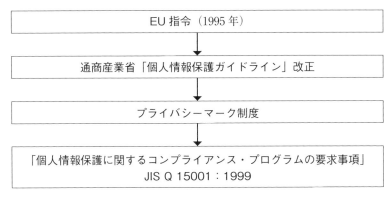

図1.8　EU 指令の影響

EC 指令」が 1995 年 10 月に採択され、1998 年 10 月に発効した。

　EU 指令は、EU 域外の各国と個人データを流通する際の規定が定められている。つまり、EU 域内と同水準の個人情報保護を行っていない国とは、個人データの流通を禁止することを規定している。ネット社会では、個人データの流通が不可欠であることから、わが国でもこれに対応することが必要になった。個人情報保護ガイドラインの改正や、JIS Q 15001：1999（個人情報保護に関するコンプライアンス・プログラムの要求事項）が制定され、プライバシーマーク制度も創設された（図 1.8）。

　しかし、個人情報保護ガイドラインの改正では、EU 指令で定められた EU 諸国から第三国への個人データの移転に必要な「十分なレベルの保護（adequate level of protection）」に対応できないおそれがあったため、罰則規定のある民間部門を対象とした個人情報保護法の制定が求められることになった。

　なお、EU 指令では、次の事項が定められている。

①　個人情報に関する情報主体の権利の保障
②　事業者による情報収集実施前の個人情報監督機関への通知届出義務
③　個人情報監督機関による行政的救済権限
④　立入検査等の行政調査権限

⑤　業務改善命令等の行政処分権限

⑥　司法当局への告発権限

⑦　違反に対する制裁権等の導入を加盟国に義務付け（EU 加盟国は、EU
　　指令に沿って国内法を改正する義務を負う）

1.6　個人情報保護法の制定と 2015 年改正

　国や地方公共団体では、OECD 理事会勧告などを参考にしながら、1988 年
に行政機関の個人情報保護法が公布され、自治体では条例が制定された。その
後、2002 年の住民基本台帳ネットワークの稼動に伴って、個人情報保護の要
請が高まったこともあって、行政機関の保有する個人情報の保護に関する法律
の全部の改正（平成 15 年法律第 58 号）へとつながることになった。

　それまでの経緯は次のとおりである。2000 年 10 月 11 日に情報通信技術（IT）
戦略本部個人情報保護法制化専門委員会が「個人情報保護基本法制に関する大
綱」を策定し、法案が具体的に検討されはじめた。2001 年 3 月に「個人情報
保護に関する法律案」が提出されたが、2002 年 12 月に審議未了廃案となった。

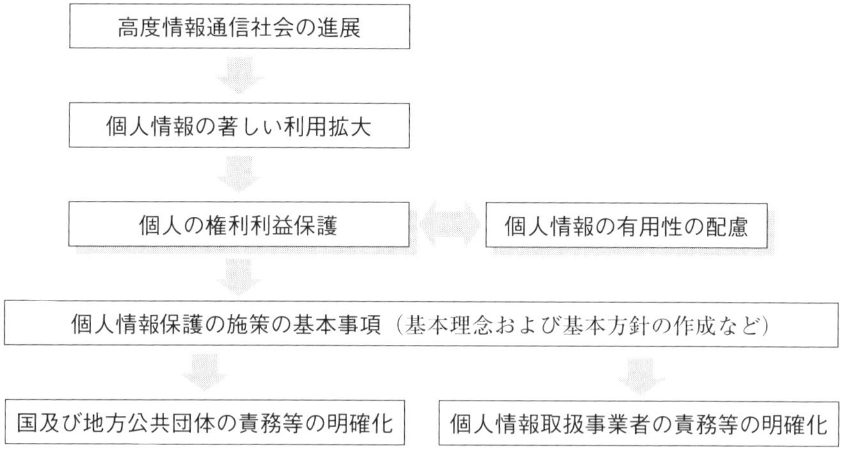

```
┌────────────────────────┐
│   高度情報通信社会の進展   │
└────────────────────────┘
            ↓
┌────────────────────────┐
│   個人情報の著しい利用拡大   │
└────────────────────────┘
            ↓
┌──────────────────┐      ┌──────────────────┐
│  個人の権利利益保護  │ ⇔  │ 個人情報の有用性の配慮 │
└──────────────────┘      └──────────────────┘
            ↓
┌──────────────────────────────────────────┐
│ 個人情報保護の施策の基本事項（基本理念および基本方針の作成など）│
└──────────────────────────────────────────┘
            ↓
┌──────────────────────┐      ┌──────────────────────┐
│ 国及び地方公共団体の責務等の明確化 │      │ 個人情報取扱事業者の責務等の明確化 │
└──────────────────────┘      └──────────────────────┘
```

図 1.9　2003 年個人情報保護法の枠組み

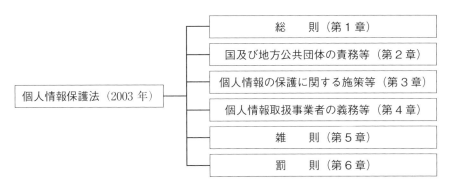

図 1.10　2003 年個人情報保護法の構成

2003 年 3 月に「個人情報の保護に関する法律案」が再提出されて、2003 年 5
月 30 日から施行された(法案の第 4 章から第 6 章までの規定は公布後 2 年以内
に施行)。2003 年の個人情報保護法は、**図 1.9** に示すような枠組みであり、**図
1.10** に示す章立てで構成されていた。

　以上のような成立時の個人情報保護法の考え方や構成を理解しておくことは、
現在の個人情報保護法を理解する上で役立つ。

1.7　2015 年個人情報保護法改正と番号法の制定

　その後、2009 年に個人情報保護法の所管が内閣府から消費者庁に変更され
た。2015 年に「個人情報の保護に関する法律及び行政手続における特定の個
人を識別するための番号の利用等に関する法律の一部を改正する法律」が公布
され、2016 年から同法の一部が施行された。また、個人情報保護法の所管も
消費者庁から個人情報保護委員会へ移管され、現在に至っている。

(1) 2015 年改正の経緯

　2015 年改正の背景について、内閣官房 IT 総合戦略室及びパーソナルデータ
関連制度担当室は、次のように説明している。

① 情報通信技術の進展により、膨大なパーソナルデータが収集・分析される、ビッグデータ時代が到来

② 他方、個人情報として取り扱うべき範囲の曖昧さ(グレーゾーン)のために、企業は利活用を躊躇(例：大手交通系企業のデータ提供)

③ また、いわゆる名簿屋問題(例：大手教育出版系企業の個人情報大量流出)により、個人情報の取り扱いについて一般国民の懸念も増大

(2) 2015年改正の概要

2015年個人情報保護法改正の概要は、表1.2に示すとおりである。また、2015年改正個人情報法保護法には、3年ごとの見直しに関する規定が附則として盛り込まれた(下線は筆者)。この規定は、大変意味があることなので、企業では3年ごとの改訂を見据えて、対応を行うとよい。

なお、2015年改正個人情報保護法は、2017(平成29)年に全面施行されている。

個人情報保護法　附則

第12条

2　政府は、この法律の施行後三年を目途として、個人情報の保護に関する基本方針の策定及び推進その他の個人情報保護委員会の所掌事務について、これを実効的に行うために必要な人的体制の整備、財源の確保その他の措置の状況を勘案し、その改善について検討を加え、必要があると認めるときは、その結果にもとづいて所要の措置を講ずるものとする。

3　政府は、前項に定める事項のほか、この法律の施行後三年を目途として、個人情報の保護に関する国際的動向、情報通信技術の進展、それに伴う個人情報を活用した新たな産業の創出及び発展の状況等を勘案し、新個人情報保護法の施行の状況について検討を加え、必要があると認めるときは、その結果にもとづいて所要の措置を講ずるものとする。

表 1.2　2015 年改正の内容

改正の狙い	改正箇所	内容
1.　個人情報の定義の明確化	個人情報の定義の明確化（第 2 条第 1 項、第 2 項）	特定の個人の身体的特徴を変換したもの（例：顔認識データ）等は特定の個人を識別する情報であるため、これを個人情報として明確化する。
	要配慮個人情報第 2 条第 3 項	本人に対する不当な差別又は偏見が生じないように人種、信条、病歴等が含まれる個人情報については、本人同意を得て取得することを原則義務化し、本人同意を得ない第三者提供の特例（オプトアウト）を禁止。
2.　適切な規律の下で個人情報等の有用性を確保	匿名加工情報第 2 条第 9 項、第 10 項、第 36 条〜第 39 条	特定の個人を識別することができないように個人情報を加工したものを匿名加工情報と定義し、その加工方法を定めるとともに、事業者による公表などその取扱いについての規律を設ける。
	個人情報保護指針第 53 条	個人情報保護指針を作成する際には、消費者の意見等を聴くとともに個人情報保護委員会に届出。個人情報保護委員会は、その内容を公表。
3.　個人情報の保護を強化（名簿屋対策）	トレーサビリティの確保第 25 条、第 26 条	受領者は提供者の氏名やデータ取得経緯等を確認し、一定期間その内容を保存。また、提供者も、受領者の氏名等を一定期間保存。
	データベース提供罪第 83 条	個人情報データベース等を取り扱う事務に従事する者又は従事していた者が、不正な利益を図る目的で提供し、又は盗用する行為を処罰。

表 1.2　つ　づ　き

改正の狙い	改正箇所	内容
4.　個人情報保護委員会の新設及びその権限	個人情報保護委員会 （2016 年 1 月 1 日施行時点） 第 50 条〜第 65 条 （全面施行時点） 第 40 条〜第 44 条、 第 59 条〜第 74 条	内閣府の外局として個人情報保護委員会を新設（番号法の特定個人情報保護委員会を改組）し、現行の主務大臣の有する権限を集約するとともに、立入検査の権限等を追加。（なお、報告徴収及び立入検査の権限は事業所管大臣等に委任可。）
5.　個人情報の取扱いのグローバル化	国境を越えた適用と外国執行当局への情報提供 第 75 条、第 78 条	日本国内の個人情報を取得した外国の個人情報取扱事業者についても個人情報保護法を原則適用。また、執行に際して外国執行当局への情報提供を可能とする。
	外国事業者への第三者提供 第 24 条	個人情報保護委員会の規則に則った方法、または個人情報保護委員会が認めた国、または本人同意により外国への第三者提供が可能。
6.　その他改正事項	オプトアウト規定の厳格化 第 23 条第 2 項〜第 4 項	オプトアウト規定による第三者提供をしようとする場合、データの項目等を個人情報保護委員会へ届出。個人情報保護委員会は、その内容を公表。
	利用目的の制限の緩和 第 15 条第 2 項	個人情報を取得した時の利用目的から新たな利用目的へ変更することを制限する規定の緩和。
	小規模取扱事業者への対応 第 2 条第 5 項	取り扱う個人情報が 5,000 人以下であっても個人の権利利益の侵害はありえるため、5,000 人以下の取扱事業者へも本法を適用。

出典）　内閣官房 IT 総合戦略室及びパーソナルデータ関連制度担当室、「個人情報の保護に関する法律及び行政手続きにおける特定の個人を識別するための番号の利用等に関する法律の一部を改正する法律案〈概要（個人情報保護法改正部分）〉」、2015 年 4 月（https://www.soumu.go.jp/main_content/000355092.pdf）にもとづいて筆者が作成

(3) 2015 年改正の目的

　番号法の制定に合わせて、2015 年に個人情報保護法が改正された(「個人情報の保護に関する法律及び行政手続における特定の個人を識別するための番号の利用等に関する法律の一部を改正する法律」(2015 年 9 月 3 日成立、同月 9 日公布))。この改正は、「個人情報の保護を図りつつ、パーソナルデータの利活用を促進することによる、新産業・新サービスの創出と国民の安全・安心の向上の実現及びマイナンバーの利用事務拡充のために所要の改正を行うもの」(下線は筆者)と説明されている。

　個人情報保護法と番号法については、次のように整理されている。

　　① 　個人情報の保護と有用性の確保に関する制度改正

　　　個人情報の取扱いの監視監督権限を有する第三者機関(個人情報保護委員会)を、特定個人情報保護委員会を改組して設置など

　　② 　特定個人情報(マイナンバー)の利用の推進に係る制度改正

　　　金融分野、医療等分野などにおける利用範囲の拡充⇒預貯金口座への付番、特定健診・保健指導に関する事務における利用、予防接種に関する事務における接種履歴の連携など

(4) 2015 年改正個人情報保護法のポイント

　2021 年改正個人情報保護法を理解するために、2015 年度改正個人情報保護法について説明する。2015 年の改正は、次のような目的で行われた[*]。

　　① 　定義の明確化等

- 個人情報の定義の明確化(身体的特徴等が該当)
- 要配慮個人情報(いわゆる機微情報)に関する規定の整備
- 個人情報データベース等から権利利益を害するおそれが少ないものを除外
- 取り扱う個人情報が 5,000 人分以下の事業者に対しても法を適用

---

　[*] http://www.kantei.go.jp/jp/singi/it2/pd/pdf/gaiyou.pdf を参照して整理

② 適切な規律の下で個人情報等の有用性を確保
- 利用目的の変更を可能とする規定の整備
- 匿名加工情報に関する加工方法や取扱いなどの規定の整備
- 個人情報保護指針の作成や届出、公表などの規定の整備

③ 個人情報の流通の適正さを確保
- 本人同意を得ない第三者提供（オプトアウト規定）の届出、公表など厳格化
- トレーサビリティの確保（第三者提供に係る確認および記録の作成義務）
- 不正な利益を図る目的による個人情報データベース等提供罪の新設

④ 個人情報保護委員会の新設およびその権限
- 個人情報保護委員会を新設し、現行（2015年当時）の主務大臣の権限を一元化

⑤ 個人情報の取扱いのグローバル化
- 国境を越えた適用と外国執行当局への情報提供に関する規定の整備
- 外国にある第三者への個人データの提供に関する規定の整備

⑥ 請求権
- 本人の開示、訂正、利用停止などの求めは請求権であることを明確化

1.8　2020年改正個人情報保護法

（1）改正の背景

　2015年改正の個人情報保護法の附則で、3年ごとの見直しが盛り込まれたが、これにもとづいて改正されたのが2020年の改正である。個人情報保護委員会によれば、関係団体・有識者からのヒアリング等を行い、実態把握や論点整理などを実施した。また、個人情報に対する意識の高まり、技術革新を踏まえた保護と利活用のバランス、越境データの流通増大に伴う新たなリスクへの対応などの観点から、個人情報保護法の改正を行った。

1

　2015 年以降、デジタル技術の革新はめざましく、ビッグデータ、AI、IoT などの新たな技術が導入され、ビジネスプロセスも大きく変化しつつある。これに伴って、データの重要性が高まり、マーケティングなどの分野において個人データを分析して、売上増大を推進する企業が多数出現している。

　このようなデジタル技術の進展によって、個人情報保護に関わるリスクも大きく変容してきたことも、個人情報保護法の改正の一因といえよう。

(2) 改正の概要

　2020 年の個人情報保護法改正は、個人情報保護委員会「個人情報の保護に関する法律等の一部を改正する法律について」(2020 年 12 月 4 日)*によれば、次のよう個人情報を巡る状況の変化が背景になっている。

表 1.3　2020 年改正の 5 つの視点

項番	視点	内容
1	個人の権利利益の保護	「個人の権利利益を保護」するために必要十分な措置を整備すること
2	AI・ビッグデータ時代への対応	AI・ビッグデータ時代を迎え、個人情報の活用が一層多岐にわたる中、事業者が本人の権利利益との関係で説明責任を果たしつつ、本人の予測可能な範囲内で適正な利用がなされるよう、環境を整備していくこと
3	技術革新の成果による保護と活用の強化	技術革新の成果が、経済成長等と個人の権利利益の保護との両面に行き渡ること
4	越境データの流通増大に伴う新たなリスクへの対応	海外事業者によるサービスの利用や、個人情報を扱うビジネスの国境を越えたサプライチェーンの複雑化などが進み、個人が直面するリスクも変化しており、これに対応すること
5	国際的な制度調和・連携	国際的な制度調和や連携に配意すること

出典)　個人情報保護委員会「個人情報の保護に関する法律等の一部を改正する法律について」(2020 年 12 月 4 日)

＊ https://www.soumu.go.jp/main_content/000720822.pdf

- 個人の個人情報に対する意識の高まり
- 情報通信技術の一層の発展とそれに伴うさまざまなサービスの登場
- 不正アクセスの巧妙化

表1.4　2020年改正の概要

改正点	内容
1. 個人の権利の在り方	① 利用停止・消去等の個人の請求権の範囲を拡充する。 ② 保有個人データの開示方法を本人が指示できるようにする。 ③ 第三者提供記録を、本人が開示請求できるようにする。 ④ 短期保存データを開示、利用停止等の対象とする。 ⑤ オプトアウト規定について、ⅰ)不正取得された個人データ、ⅱ)オプトアウト規定により提供された個人データについても対象外とする。
2. 事業者の守るべき責務の在り方	① 漏えい等が発生し、個人の権利利益を害するおそれが大きい場合に、委員会への報告及び本人への通知を義務化する。 ② 違法又は不当な行為を助長する等の不適正な方法により個人情報を利用してはならない旨を明確化する。
3. 事業者による自主的な取組を促す仕組みの在り方	認定団体制度について、企業の特定分野（部門）を対象とする団体を認定できるようにする。
4. データ利活用の在り方	① 「仮名加工情報」を創設し、開示・利用停止請求への対応等の義務を緩和する。 ② 提供先において個人データとなることが想定される情報の第三者提供について、本人同意が得られていること等の確認を義務付ける。
5. ペナルティの在り方	① 虚偽報告等の行為者処罰の法定刑を引き上げる。 ② 命令違反等の罰金について、法人に対しては行為者よりも罰金刑の最高額を引き上げる（法人重科）。
6. 法の域外適用・越境移転の在り方	① 外国事業者を、罰則によって担保された報告徴収・命令の対象とする。 ② 移転先事業者における個人情報の取扱いに関する本人への情報提供の充実等を求める。

出典）　個人情報保護委員会「個人情報の保護に関する法律等の一部を改正する法律について」(2020年12月4日)

- 個人データを取り巻くリスクの変化
- 経済社会活動のグローバル化に伴う越境移転の急速な増大
- グローバルな個人情報保護関連制度の立法・改正の動き

また、こうした背景に対して、前掲の**表 1.3** に示す 5 つの視点から改正が行われた。

2020 年改正個人情報保護法の概要は、個人情報保護委員会「個人情報の保護に関する法律等の一部を改正する法律について」(2020 年 12 月 4 日)によれば、前掲の**表 1.4** に示すとおりである。

1.9　2021 年改正個人情報保護法

(1)　デジタル社会形成基本法

デジタル社会形成基本法(令和三年法律第三十五号、2021 年 9 月 1 日施行)の成立に伴って、新しくデジタル庁が設置され、デジタル社会の形成をさらに推進していこうとしている。同法第 1 条において、「この法律は、デジタル社会の形成が、我が国の国際競争力の強化及び国民の利便性の向上に資するとともに、急速な少子高齢化の進展への対応その他の我が国が直面する課題を解決する上で極めて重要であることに鑑み、デジタル社会の形成に関し、基本理念及び施策の策定に係る基本方針を定め、国、地方公共団体及び事業者の責務を明らかにし、並びにデジタル庁の設置及びデジタル社会の形成に関する重点計画の作成について定めることにより、デジタル社会の形成に関する施策を迅速かつ重点的に推進し、もって我が国経済の持続的かつ健全な発展と国民の幸福な生活の実現に寄与することを目的とする。」(下線は筆者)と定めている。

また、第 10 条で、個人及び法人の権利利益の保護等について、次のように定めている。「デジタル社会の形成に当たっては、高度情報通信ネットワークの利用及び情報通信技術を用いた情報の活用により個人及び法人の権利利益、国の安全等が害されることのないようにされるとともに、高度情報通信ネットワークの利用及び情報通信技術を用いた情報の活用による信頼性のある情報の

自由かつ安全な流通の確保が図られなければならない。」(下線は筆者)このように
デジタル社会の形成においては、情報の自由な流通を目指しており、その前
提として、個人情報の保護が必要になる。

(2) デジタル社会形成整備法

　さらに、デジタル社会の形成を図るための関係法律の整備に関する法律第
50 条において「個人情報の保護に関する法律(平成十五年法律第五十七号)の
一部を次のように改正する。」として、個人情報保護法の見直しを定めている。
また、個人情報保護委員会は、「デジタル社会の形成を図るための関係法律の
整備に関する法律(以下「デジタル社会形成整備法」という。)により改正され
た個人情報保護法の施行日は、行政機関及び独立行政法人等に関する規律の規
定や学術研究機関等に対する適用除外規定の見直し等(デジタル社会形成整備
法第 50 条による改正)については公布の日から起算して一年を超えない範囲内
において政令で定める日、地方公共団体に関する規律の規定(デジタル社会形
成整備法第 51 条による改正)については公布の日から起算して二年を超えない
範囲内において政令で定める日としております。」(下線は筆者)と説明している。
　2021 年改正の個人情報保護法では、学術研究機関等に対する一律の適用除
外が廃止される一方で新たな利用目的による制限に関する例外規程等が設けら
れることになった。また、従来、民間事業者、独立行政法人等、地方独立行政

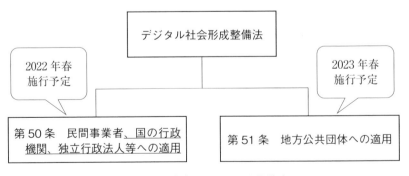

図 1.11　デジタル社会形成整備法

法人等が行う<u>個人情報の取扱い</u>は、それぞれ別個の規律(個人情報保護法、独立行政法人等個人情報保護法、個人情報保護条例など)の適用を受けていたが、2021 年改正によって、<u>学術研究分野及び医療分野</u>において、原則として、現行の個人情報保護法が定める民間事業者に対する規律に<u>一本化</u>された。なお、改正後の個人情報保護法は、2022 年春の施行が予定されている(地方関係部分は 2023 年春の施行を予定。**図 1.11**)。

(3) 公的部門における個人情報保護

個人情報保護委員会は、公的部門における個人情報保護について、次のように対応する予定である。そのため、企業においては今後公表されるガイドラインなどをチェックする必要がある。また、ガイドラインなどをチェックする担当部門(者)を決めておくとよい。

- 個人情報、個人識別符号等の用語の定義について、2020 年個人情報保護法の解釈運用を踏襲する形で統一する。条例等で独自の定義をすることができない。

- 行政機関等における個人情報等の取扱いについて、現行の行政機関個人情報保護法の規定解釈運用を原則として踏襲する方向で、今後ガイドラインなどを整備する。不適正な利用の禁止、適正な取得など現行の行政機関個人情報保護法に相当する規定が存在しないものがあるので、今後、規則・ガイドラインなどを整備する。

- 安全管理措置、従事者の義務、保有個人情報の提供を受ける者に対する措置要求については、現行の行政機関個人情報保護法の相当する規定に比較して、規律の充実が図られたので、2021 年改正の趣旨を踏まえながら、政令・規則・ガイドラインなどを整備する。

- 個人情報ファイル関係について、現行(2020 年改正)の個人情報保護法の相当する規定の運用を原則として踏襲する。

- 開示、訂正および利用停止などに関する規律について、現行の個人情報保護法の相当する規定の運用を原則として踏襲する。

- 地方公共団体の機関・地方独立行政法人に関して、情報公開条例との整合性を確保するために、非開示情報など法律の範囲内で独自規定を条例等で定めることができる。
- 行政機関等匿名加工情報について、国の行政機関・独立行政法人に関しては現行の個人情報保護法の相当する規定の運用を原則として踏襲する。地方公共団体の機関および地方独立行政法人に関しては、当分の間、都道府県および指定都市のみに提案募集を義務づけるものとする。
- 地方公共団体からの質問・意見など問合せの多い事項（死者に関する情報の取扱い、地方議会の取扱い、要配慮個人情報、オンライン結合制限、審議会への諮問）については、ガイドラインなどの成案を提示する前においても必要な情報提供を行う。
- 国立大学法人、医療事業を行う独立行政法人等（独立行政法人国立病院等）などについては、民間部門の規律が適用される。
- その他

(4) 学術研究分野における個人情報保護

　個人情報保護委員会は、学術研究分野の規律について、次のように説明している。

　「現行の個人情報保護法は、学術研究機関等が学術研究目的で個人情報を取り扱う場合を一律に適用除外としている。今般の法改正により、民間部門の学術研究機関にも、①安全管理措置（改正後の個情法第23条）や②本人からの開示等請求への対応（同第33条等）等に関する義務については、他の民間事業者と同様の規律を課すこととなる。また、学術研究を行う独立行政法人等や地方公共団体の機関、地方独立行政法人についても、民間学術研究機関等と同様の規律が適用されることになるが、開示等や行政機関等匿名加工情報の提供等については、引き続き公的部門の規律が適用される。その上で、学術研究目的で個人情報を取り扱う場合には、①利用目的による制限（改正後の個情法第18条）、②要配慮個人情報の取得制限（同第20条第2項）、③個人データの第三者提供の制

限(第 27 条)など、<u>研究データの利用や流通を直接制約し得る義務については、個人の権利利益を不当に侵害するおそれがある場合を除き、例外規定を置いている。</u>」(出典：「学術研究分野における個人情報保護の規律の考え方」、2021 年 6 月、https://www.ppc.go.jp/files/pdf/210623_gakujutsu_kiritsunokangaekata.pdf、下線は筆者)

　企業においては、学術研究機関等に該当するケースは少ないと思われるが、研究開発部門に所属する従業員が学会に参加して研究活動を行うことが想定される。

　また、大学等では、「ヒトゲノム・遺伝子解析研究に関する倫理指針」、「人を対象とする医学系研究に関する倫理指針」、「遺伝子治療等臨床研究に関する指針」が策定されているので、これらの倫理指針も遵守することが求められている。

　ゲノムデータの全部又は一部等(生体情報をデジタルデータに変換したもの等)については、個人識別符号に該当する。また、個人情報に病歴が含まれるものやゲノム情報などは、要配慮個人情報に該当する。さらに、大学には倫理委員会が設置され、研究実施の可否を検討する仕組みがある。

　個人情報保護を考える場合には、以上のことも踏まえて対応する必要がある。なお、2021 年改正は、今後、その内容が変わる可能性があるので、その動向に注目する必要がある。

1

デジタル社会と個人情報保護

第2章
2020年・2021年改正
個人情報保護法

2.1 改正の考え方

本節では、個人情報保護法の 2020 年改正の考え方について説明する。

2.1.1 個人の権利のあり方

2020 年改正では、第 1 章で述べたように個人の権利について見直しを行っている。個人情報保護委員会の「個人情報の保護に関する法律等の一部を改正する法律（概要）」（https://www.ppc.go.jp/files/pdf/200612_gaiyou.pdf）によれば、表 2.1 に示すように見直しを行っている。見直しの内容について、表 2.1 の項番に沿って解説することにする。

項番 1 は、個人情報の利用停止・消去等の個人の請求権についてであり、個人が自己情報をコントロールする上で重要な権利である。当初の個人情報保護法では、権利として明確にされていなかったものである。2020 年改正では、それをさらに強化した改正といえる。

項番 2 は、デジタル化の進展に合わせて、電磁的理録の提供も認める見直しであり、時代の流れに対応した改正だといえる。

項番 3 は、個人情報の第三者提供についてである。第三者提供は本人にとっ

表 2.1　個人の権利の在り方の見直し

項番	内容	備考
1	利用停止・消去等の個人の請求権について、不正取得等の一部の法違反の場合に加えて、個人の権利又は正当な利益が害されるおそれがある場合にも要件を緩和する。	
2	保有個人データの開示方法（※）について、電磁的記録の提供を含め、本人が指示できるようにする。	※現行は、原則として、書面の交付による方法とされている。
3	個人データの授受に関する第三者提供記録について、本人が開示請求できるようにする。	
4	6 カ月以内に消去する短期保存データについて、保有個人データに含めることとし、開示、利用停止等の対象とする。	
5	オプトアウト規定（※）により第三者に提供できる個人データの範囲を限定し、①不正取得された個人データ、②オプトアウト規定により提供された個人データについても対象外とする。	※本人の求めがあれば事後的に停止することを前提に、提供する個人データの項目等を公表等した上で、本人の同意なく第三者に個人データを提供できる制度。

出典）　個人情報保護委員会「個人情報の保護に関する法律等の一部を改正する法律（概要）」より

て非常に気になる問題であるが、第三者提供記録を開示請求の対象に加えたものである。開示請求権を強化した改正だといえる。

　項番 4 は、6 ヶ月以内に消去する短期保存データについてである。従来個人情報保護法の保護対象になっていなかったが、それを個人情報保護の対象に加える見直しであり、個人情報保護を強化した改正だといえる。

　項番 5 は、オプトアウト規定についてである。個人情報を活用する企業にとっては、ビジネスを推進する上で便利な取扱いであったが、それに制限を加えるものであり、個人情報保護を強化した見直しだといえる。

表 2.2　事業者の守るべき責務の在り方の見直し

項番	内容	備考
1	漏えい等が発生し、個人の権利利益を害するおそれがある場合（※）に、委員会への報告及び本人への通知を義務化する。	※一定数以上の個人データの漏えい、一定の類型に該当する場合に限定。
2	違法又は不当な行為を助長する等の不適正な方法により個人情報を利用してはならない旨を明確化する。	

出典）　個人情報保護委員会「個人情報の保護に関する法律等の一部を改正する法律（概要）」より

2.1.2　事業者の守るべき責務のあり方

2020 年改正では、事業者の守るべき責務について、**表 2.2** に示すように見直しを行っている。見直しの内容について、**表 2.2** の項番に沿って解説することにする。

項番 1 は、事業者が個人情報保護委員会に報告する場合の要件を見直したものである。事業者にとっては、個人情報保護委員会へ提出する要件が明確になったことによって、個人の権利利益が小さい場合には、個人情報保護委員会への報告が不要になった。

項番 2 は、個人情報を不正な方法によって利用してはならないように見直したものであり、個人情報保護が強化されたものだといえる。

2.1.3　事業者による自主的な取組みを促す仕組みのあり方

改正前の個人情報保護法においても認定団体制度があったが、この団体の範囲を広げる見直しである（表 2.3）。

2.1.4　データ利活用に関する施策のあり方

2020 年改正では、データ利活用に関する施策のあり方について、**表 2.4** に示すような見直しを行っている。見直しの内容について、**表 2.4** の項番に沿って解説することにする。

表 2.3　事業者による自主的な取組を促す仕組みの在り方の見直し

項番	内容	備考
1	認定団体制度について、現行制度（※）に加え、企業の特定分野（部門）を対象とする団体を認定できるようにする。	※現行の認定団体は、対象事業者のすべての分野（部門）を対象とする。

出典）　個人情報保護委員会「個人情報の保護に関する法律等の一部を改正する法律（概要）」より

表 2.4　データ利活用に関する施策の在り方の見直し

項番	内容	備考
1	イノベーションを促進する観点から、氏名等を削除した「仮名加工情報」を創設し、内部分析に限定する等を条件に、開示・利用停止請求への対応等の義務を緩和する。	
2	提供元では個人データに該当しないものの、提供先において個人データとなることが想定される情報の第三者提供について、本人同意が得られていること等の確認を義務付ける。	

出典）　個人情報保護委員会「個人情報の保護に関する法律等の一部を改正する法律（概要）」より

　項番 1 は、DX（デジタルトランスフォーメーション）の動向を踏まえて、データの利活用に関する見直しを行ったものである。個人情報保護委員会では、イノベーションという用語を用いているが、これは DX を意識したものといえる。DX を推進するためには、データの利活用が不可欠である。ビッグデータを AI で解析してマーケティングに活用している、あるいは活用しようとしている企業は少なくない。また、マーケティング以外にも、金融、医療などさまざまなビジネス領域で、データ利活用に対するニーズは非常に大きい。そこで、政府としても、データ利活用を促進するように個人情報保護のあり方を見直したといえる。個人情報の利活用においては、個人を特定できないように個人データを加工する必要がある。それが、「匿名加工情報」である。

匿名加工情報にするためには、個人を特定できないように加工する方法があるが、それについて具体的に定めたのが今回の改正である。

項番 2 は、複数の個人データを組み合わせることによって個人を特定できる場合があることに対応した見直しである。データの提供先において、個人データとして特定できる場合には、本人同意を得る等の制限を加えたものであり、個人情報保護を強化する見直しといえる。

2.1.5　ペナルティのあり方

2020 年改正では、ペナルティのあり方について、表 2.5 に示すような見直しを行っている。個人情報保護委員会による命令違反や虚偽報告に関する罰則、データベース等不正提供罪などについて罰則を強化し、個人情報保護を強化した見直しといえる。

もちろん罰則の強化は、個人情報保護を推進する上で重要なことであるが、事業者にとっては、罰則の軽重よりも、罰則を科せられたという事実が非常に重要な意味をもつことに変わりはない。個人情報に関わる者は、罰則が強化された趣旨を認識して、個人情報を取り扱うことが重要である。

表 2.5　ペナルティの在り方の見直し

項番	内容	備考
1	委員会による命令違反・委員会に対する虚偽報告等の法定刑を引き上げる。	※命令違反：6 月以下の懲役又は 30 万円以下の罰金 → 1 年以下の懲役又は 100 万円以下の罰金 虚偽報告等：30 万円以下の罰金 → 50 万円以下の罰金
2	データベース等不正提供罪、委員会による命令違反の罰金について、法人と個人の資力格差等を勘案して、法人に対しては行為者よりも罰金刑の最高額を引き上げる(法人重科)。	※個人と同額の罰金(50 万円又は 30 万円以下の罰金) → 1 億円以下の罰金

出典)　個人情報保護委員会「個人情報の保護に関する法律等の一部を改正する法律(概要)」より

2.1.6　法の域外適用・越境移転のあり方

2020 年改正では、法の域外適用・越境移転のあり方について、個人データはデジタル化の進展およびビジネス活動のグローバル化に伴って、外国とのやりとりが行われることが増えている。そこで、表 2.6 に示すような見直しを行い、グローバル化に対応しようとしている。

表 2.6　法の域外適用・越境移転の在り方の見直し

項番	内容	備考
1	日本国内にある者に係る個人情報等を取り扱う外国事業者を、罰則によって担保された報告徴収・命令の対象とする。	
2	外国にある第三者への個人データの提供時に、移転先事業者における個人情報の取扱いに関する本人への情報提供の充実等を求める。	

出典）　個人情報保護委員会「個人情報の保護に関する法律等の一部を改正する法律（概要）」より

2.2　2020 年および 2021 年改正個人情報保護法の構成

2020 年および 2021 年に改正された個人情報保護法は、図 2.1 に示す構成になっている。この中で、企業にとって、最も重要な章は第 4 章である。第 4 章では、個人情報取扱事業者の義務等が定められているからである。なお、2021 年改正については、今後変わる可能性があるので注意されたい。

個人情報取扱事業者の義務等においては、図 2.2 に示すように個人情報取扱事業者等の義務、仮名加工事業者等の義務、匿名加工情報取扱事業者等の義務、監督、民間団体による個人情報の保護の推進、送達で構成されている。

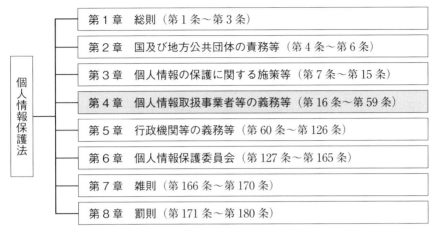

図 2.1　2020 年改正個人情報保護法の構成

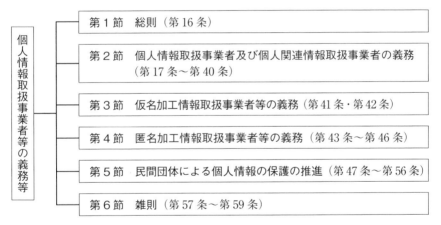

図 2.2　個人情報取扱事業者等の義務等

2.3　個人情報取扱事業者等の義務

　個人情報取扱事業者等の義務で定められている主な内容は、図 2.3 のとおりである(各条項のグルーピングは筆者による)。

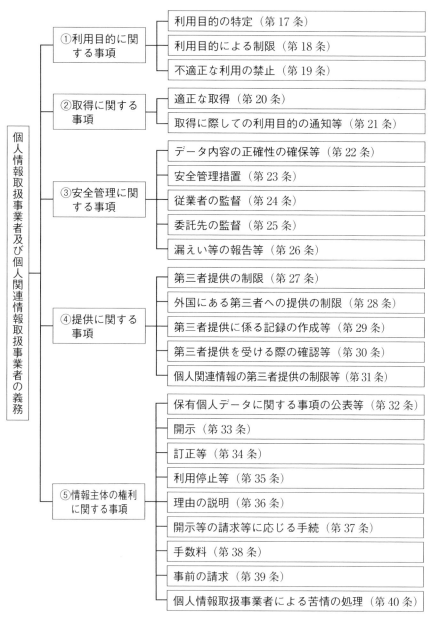

図 2.3　個人情報取扱事業者及び個人関連情報取扱事業者の義務

2.3.1　利用目的に関する事項

　個人情報を取り扱うにあたっては利用目的をできる限り特定し、利用目的を変更する場合には、変更前の目的と関連性をもつと合理的に認められる範囲を超えてはならないこと(第17条)、あらかじめ本人の同意を得ないで、利用目的の達成に必要な範囲を超えて個人情報を取り扱ってはならないこと(第18条)などが定められている。また、事業承継による個人情報の取得の場合には、承継前の利用目的を超えて個人情報を取り扱ってはならない(第18条第2項)としている。第18条の例外(第18条第3項)として、次の場合には、適用しないことも定められている(下線は筆者)。企業では、例外事項が限定されている点に留意する必要がある。

個人情報保護法　第18条第3項

3　前二項の規定は、次に掲げる場合については、適用しない。

一　法令に基づく場合

二　人の生命、身体又は財産の保護のために必要がある場合であって、本人の同意を得ることが困難であるとき。

三　公衆衛生の向上又は児童の健全な育成の推進のために特に必要がある場合であって、本人の同意を得ることが困難であるとき。

四　国の機関若しくは地方公共団体又はその委託を受けた者が法令の定める事務を遂行することに対して協力する必要がある場合であって、本人の同意を得ることにより当該事務の遂行に支障を及ぼすおそれがあるとき。

五　当該個人情報取扱事業者が学術研究機関等である場合であって、当該個人情報を学術研究の用に供する目的(以下この章において「学術研究目的」という。)で取り扱う必要があるとき(当該個人情報を取り扱う目的の一部が学術研究目的である場合を含み、個人の権利利益を不当に侵害するおそれがある場合を除く。)。

> 六　学術研究機関等に個人データを提供する場合であって、当該学術研究
> 機関等が当該個人データを学術研究目的で取り扱う必要があるとき(当
> 該個人データを取り扱う目的の一部が学術研究目的である場合を含み、
> 個人の権利利益を不当に侵害するおそれがある場合を除く。)。

　2020 年改正では、「(不適正な利用の禁止)第 19 条」が新たに追加された。
第 19 条では、「個人情報取扱事業者は、違法又は不当な行為を助長し、又は誘
発するおそれがある方法により個人情報を利用してはならない。」と定められ
ている。

　なお、2021 年改正では、第 18 条第 3 項第五号(学術研究目的)および第六号
(学術研究目的の提供)が追加された。

2.3.2　取得に関する事項

　個人情報の取得は、**図 2.4** のように整理できる。偽りや不正な手段による個
人情報の取得の禁止(第 20 条第 1 項)、個人情報の取得に際してあらかじめ利
用目的を本人に通知しないで、要配慮個人情報を取得してはならない(同第 2
項)ことが定められている。

　要配慮個人情報については、第 2 条第 3 項で、「この法律において「要配慮
個人情報」とは、本人の<u>人種</u>、信条、社会的身分、病歴、犯罪の経歴、犯罪に

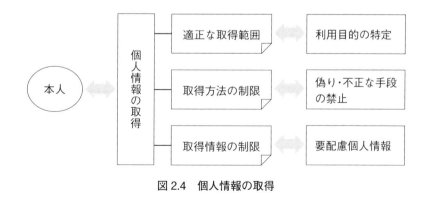

図 2.4　個人情報の取得

より害を被った事実その他本人に対する不当な差別、偏見その他の不利益が生じないようにその取扱いに特に配慮を要するものとして政令で定める記述等が含まれる個人情報をいう。」(下線は筆者)と定義されている。要配慮個人情報を顧客から取得する可能性は少ないと思うが、従業員などの情報の場合には、採用面接や部下との面接などにおいて、取得しようとしてしまう可能性があるので、注意が必要である。

　また、個人情報を取得した場合には、あらかじめその利用目的を公表している場合を除き、速やかに、その利用目的を本人に通知、または公表しなければならない(第21条第1項)。利用目的を変更した場合の本人通知、公表(第21条第3項)などについても義務づけている。

2.3.3　安全管理に関する事項

　安全管理については、図2.5に示す内容が求められている。具体的には、次

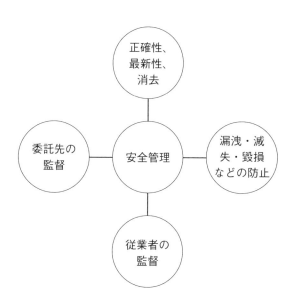

図2.5　安全管理の概要

のとおりである。利用目的の達成に必要な範囲内において、個人データの正確性、最新性を確保するとともに、利用する必要がなくなったときには、個人データを遅滞なく消去するように努めなければならない（第 22 条）。

　企業がここで注意すべきことは、利用する必要がなくなった場合に遅滞なく削除するように努めなければならない点である。例えば、企業ではマーケティングのために大量の顧客情報を保有しているが、必要性がなくなったときに速やかに削除しなければならないということである。個人情報保護を適切に行うためには、個人情報を取得から廃棄までのライフサイクルで考え、個人情報の定期的な棚卸、保存期限の設定、廃棄判断基準などを定めて管理することが大切である。なお、マイナンバーの場合には、努力義務ではなく、必須となっている点に注意する必要がある。

　個人データの漏洩、滅失、毀損などの安全管理措置（第 23 条）を義務づけている。安全管理措置は、個人情報に関わる情報セキュリティ対策なので、情報セキュリティ対策と共通する部分が多い。そこで、安全管理措置を講じる際には、企業の情報セキュリティポリシーやそれにもとづく情報セキュリティ対策と整合をとると効率的であり、効果的である。

　この他に、個人データを取り扱う従業者に対する監督（第 24 条）、個人データの処理の一部または全部を外部委託する場合の委託先に対する監督（第 25条）を義務づけている。安全管理措置を確実に実施するためには、個人情報を取り扱う従業者や委託先が、個人情報保護の重要性を認識し、安全管理措置を実践する必要がある。また、2020 年改正で、「漏えい等の報告等」（第 26 条）が新設された。個人データの漏洩、滅失、毀損その他の個人データの安全の確保に関わる事態であり個人の権利利益を害するおそれが大きいものとして個人情報保護委員会規則で定めたものについては、個人情報保護委員会に報告することが定められている。

　今まで個人情報保護に関わるインシデントが発生した場合の個人情報保護委員会への報告は、企業の判断に任されていたが、個人情報保護委員会への報告の判断基準が明確になったといえる。

2.3.4　提供に関する事項

　第 27 条第 1 項では、あらかじめ本人の同意を得ないで個人データを第三者へ提供することを禁止している。ただし、法令にもとづく場合、生命・身体・財産の保護に必要な場合で本人の同意を得ることが困難な場合などは除外している。

　また、第三者に提供される個人データ（要配慮個人情報を除く）について、本人の求めに応じて当該本人が識別される個人データの第三者への提供を停止することとしている場合で、個人情報保護委員会規則で定めるところにより、あらかじめ、第三者への提供を利用目的とすること、第三者に提供される個人データの項目、第三者への提供の方法、本人の求めに応じて当該本人が識別される個人データの第三者への提供を停止することについて、本人に通知し、または本人が容易に知り得る状態に置くとともに、個人情報保護委員会に届け出た場合には、当該個人データを第三者に提供することができる（第 27 条第 2 項）。

　利用目的の達成の範囲内で個人データの取扱いを委託する場合、合併など事業承継に伴って個人データが提供される場合、特定の者との間で共同利用する場合（本人通知などが必要）は、提供には該当しないとしている（第 27 条第 5 項）。

　この他に、外国にある第三者への提供の制限（第 28 条）、第三者提供に係る記録（提供年月日、提供先の氏名または名称、その他個人情報保護委員会規則で定める事項）の作成等（第 29 条）が定められている。

　さらに、第三者提供を受ける際には、個人情報保護規則で定められている事項（第三者の氏名または名称、住所、代表者、当該第三者による個人データの取得の経緯）の記録を残さなければならない（第 30 条）。

　2020 年改正では、「個人関連情報の第三者提供の制限等」（第 31 条）が新設され、第三者が個人関連情報を個人データとして取得されることが想定される場合には、第 27 条第 1 項各号で定める場合を除き、あらかじめ個人情報保護委員会規則で定める確認をしないで、第三者に提供することが禁じられている。

　第三者提供については、いわゆる名簿業者等を通じた個人データの不適切な

2

2020年・2021年改正個人情報保護法

取得に対する対策であり、個人情報保護法の改正によって強化されたものである。企業は、第三者経由の個人情報取得には注意しなければならない。

個人情報取得時のチェックポイント

　自社が取得した個人情報ではなく、第三者から個人情報を取得使用とする場合には、本人に利用目的について人の同意を得ていない可能性がある。そこで、第三者から個人情報を取得する際には、本人の同意を得ているかなどについて、チェックする仕組みを講じることが重要である。

2.3.5　情報主体の権利に関する事項

情報主体の権利については、**図 2.6** に示す内容が求められている。

（1）保有個人データに関する事項の公表等

　個人情報取扱事業者は、保有する個人データに関して、本人の知り得る状態に置かなければならない。個人情報取扱事業者の氏名または名称、すべての保有個人データの利用目的、開示請求に応じる手続（手数料を含む）、保有個人データの適正な取扱いの確保に関し必要な事項として政令で定める事項について本人が知り得る状態にしておかなければならない（第 32 条）。また、2020 年改

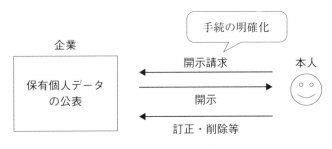

図 2.6　情報主体の権利

正で、個人情報取扱事業者の氏名または名称に加えて、住所、代表者の氏名が追記された。さらに、本人から当該本人が識別される保有個人データの利用目的の通知を求められたときは、本人に対し、遅滞なく通知しなければならない（第 32 条第 2 項）。

　したがって、企業には、保有する個人データをすべて把握できるように一覧表などで管理することが求められる。

(2) 開　　示

　本人は、個人情報取扱事業者に対し、当該本人が識別される保有個人データの開示を請求することができる（第 33 条第 1 項）。ただし、開示することによって、本人または第三者の生命、身体、財産その他の権利利益を害するおそれがある場合、個人情報取扱事業者の業務の適正な実施に著しい支障を及ぼすおそれがある場合、法令に違反する場合は除いている（第 33 条第 2 項）。また、個人データの一部または全部を開示しないと決定した場合には、本人に遅滞なく通知しなければならない（第 33 条第 3 項）。

　2020 年改正で、開示方法については、「電磁的記録の提供による方法その他の個人情報保護委員会規則で定める方法による」（第 33 条第 1 項）ことが追加されている。

　企業は、開示対応マニュアルなどで定められている開示方法について見直しを行う必要がある。

(3) 訂　正　等

　本人は、個人情報取扱事業者に対し、当該本人が識別される保有個人データの内容が事実でないときは、当該保有個人データの内容の訂正、追加または削除を請求することができる（第 34 条第 1 項）。また、請求を受けた場合には、利用目的の達成に必要な範囲内において、遅滞なく必要な調査を行い、その結果にもとづき、当該保有個人データの内容の訂正等を行わなければならない（第 34 条第 2 項）。内容の全部もしくは一部について訂正等を行ったとき、ま

たは訂正等を行わない旨の決定をしたときは、本人に対し、遅滞なく、その旨（訂正等を行ったときは、その内容を含む）を通知しなければならない（第 34 条第 3 項）

(4) 利用停止等

　本人は、個人情報取扱事業者に対し、当該本人が識別される保有個人データが第 18 条（利用目的による制限）もしくは第 19 条（不適正な利用の禁止）の規定に反して取り扱われているとき、または第 20 条（適正な取得）の規定に違反して取得されたものであるときは、当該保有個人データの利用の停止または消去を請求することができる（第 35 条）。

　2020 年改正では、保有個人データを個人情報取扱事業者が利用する必要がなくなった場合、保有個人データの取扱いにより本人の権利または正当な利益が害されるおそれがある場合には、保有個人データの利用停止等または第三者への提供の停止を請求することができることが新設された（第 35 条第 5 項）。また、その請求を受けた場合であって、その請求に理由があることが判明したときは、本人の権利利益の侵害を防止するために必要な限度で、遅滞なく、保有個人データの利用停止または第三者提供の停止を行わなければならないことが新設された（第 35 条第 6 項）。

(5) 理由の説明

　個人情報取扱事業者が、本人から求められ、または請求された措置の全部または一部について、その措置をとらない旨を通知する場合またはその措置と異なる措置をとる旨を通知する場合には、本人に対し、その理由を説明するように努めなければならない（第 36 条）。

(6) 開示等の請求等に応じる手続

　個人情報取扱事業者は、本人からの開示等の請求等に関し、政令で定めるところにより、その求めまたは請求を受け付ける方法を定めることができる。こ

の場合において、本人は、当該方法に従って、開示等の請求等を行わなければならない（第37条）。また、本人に対して、開示等の請求等に関し、その対象となる保有個人データまたは第三者提供記録を特定するに足りる事項の提示を求めることができる（第37条第2項）。開示等の請求等に応じる手続を定めるにあたっては、本人に過重な負担を課すものとならないように配慮しなければならない（第37条第4項）。

(7) 手　数　料

個人情報取扱事業者は、利用目的の通知を求められたとき、または開示の請求を受けたときは、当該措置の実施に関し、手数料を徴収することができる（第38条）。手数料は実費を勘案して合理的であると認められる範囲において、その手数料の額を定めなければならない（第38条第2項）。

企業で手数料の金額を定めるときには、利用目的の通知の求めや開示請求を妨げるような金額にならないように注意しなければならない。

(8) 事前の請求

本人は、請求に係る訴えを提起しようとするときは、その訴えの被告となるべき者に対し、あらかじめ、当該請求を行い、かつ、その到達した日から2週間を経過した後でなければ、その訴えを提起することはできない。ただし、その訴えの被告となるべき者がその請求を拒んだときは、この限りではない（第39条）。

(9) 個人情報取扱事業者による苦情の処理

個人情報取扱事業者は、個人情報の取扱いに関する苦情の適切かつ迅速に処理に努めなければならない（第40条第1項）。また、その目的を達成するために必要な体制の整備に努めなければならない（第40条第2項）。

2.4　仮名加工情報取扱事業者等の義務

　仮名加工情報は、2020 年改正で新たに追加されたものであり、**図 2.7** に示す構成になっている。

　仮名加工情報とは、「(定義)第 2 条第 5 項」において、「この法律において「仮名加工情報」とは、次の各号に掲げる個人情報の区分に応じて当該各号に定める措置を講じて<u>他の情報と照合しない限り特定の個人を識別することができないように個人情報を加工</u>して得られる個人に関する情報をいう。」(下線は筆者)と定義している。

　措置の内容は、次のとおりである。

①　氏名、生年月日その他の記述等により個人を識別できる情報(第 2 条第 1 項第一号)

「当該個人情報に含まれる<u>記述等の一部を削除</u>すること(当該一部の記述等を復元することのできる規則性を有しない方法により他の記述等に置き換えることを含む。)」(第 2 条第 5 項第一号、下線は筆者)

②　個人識別符号が含まれる個人に関する情報(第 2 条第 1 項第二号)

「当該個人情報に含まれる<u>個人識別符号の全部を削除</u>すること(当該個人識別符号を復元することのできる規則性を有しない方法により他の記述等に置き換えることを含む。)」(第 2 条第 5 項第二号、下線は筆者)

　仮名加工情報は、このように簡略な方法で本人を特定できないようにした情

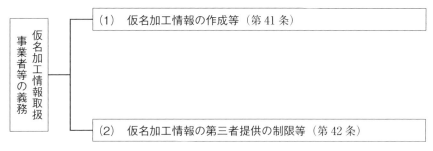

図 2.7　仮名加工情報取扱事業者等の義務

報であり、後述する匿名加工情報と異なることに注意する必要がある。

(1) 仮名加工情報の作成等

個人情報取扱事業者は、仮名加工情報を作成するときに、他の情報と照合しない限り特定の個人を識別することができないようにするために、個人情報保護委員会規則で定める基準に従って、個人情報を加工しなければならない(第41条第1項)。

仮名加工情報を作成したとき、または、仮名加工情報および仮名加工情報に係る削除情報等を取得したときには、削除情報等の漏洩を防止するために個人情報保護委員会規則で定める基準に従い必要な安全管理措置を定めなければならない(同第2項)としている。さらに、次の事項が定められている。

- 目的の達成に必要な範囲内に限定すること(同第3項)
- 仮名加工情報を利用する必要がなくなったときの消去(同第5項)
- 仮名加工情報の第三者提供の禁止(同第6項)
- 本人を識別するために仮名加工情報を他の情報と照合することの禁止(同第7項)
- 仮名加工情報を取り扱う際に、仮名情報に含まれる連絡先、その他の情報を使って、本人に電話や送信したり訪問することを禁止(同第8項)

企業は、仮名加工情報を利用する場合には、本人の立場に立って仮名加工情報を取り扱うことが大切である。

(2) 仮名加工情報の第三者提供の制限等

仮名加工情報取扱事業者は、法令にもとづく場合を除いて、第三者提供することが禁止されている(第42条第1項)。個人データが仮名加工されたとしても第三者提供を行えるわけではないことに注意しなければならない。

2.5　匿名加工情報取扱事業者等の義務

匿名加工情報は、個人情報保護法第2条第6項で、「この法律において「匿名加工情報」とは、次の各号に掲げる個人情報の区分に応じて当該各号に定める措置を講じて<u>特定の個人を識別することができないように個人情報を加工</u>して得られる個人に関する情報であって、<u>当該個人情報を復元することができないようにしたものをいう。</u>」(下線は筆者)と定めている。つまり、特定の個人を識別できないようにした個人に関する情報のことである。

具体的には、氏名、生年月日その他の記述等でつくられる記録について、当該個人情報に含まれる記述等の一部を削除すること(当該一部の記述等を復元することのできる規則性を有しない方法により他の記述等に置き換えることを含む。)で特定個人を識別できないようにした個人に関する情報のことである(同第一号)。また、個人識別符号が含まれる個人情報について、それに含まれる個人識別符号の全部を削除すること(当該個人識別符号を復元することのできる規則性を有しない方法により他の記述等に置き換えることを含む。)によって、特定個人を識別できないようにした個人に関する情報のことである(同第二号)。

匿名加工情報取扱事業者は、「匿名加工情報を含む情報の集合物であって、特定の匿名加工情報を電子計算機を用いて検索することができるように体系的に構成したものその他特定の匿名加工情報を容易に検索することができるように体系的に構成したものとして政令で定めるもの(第43条第1項において「匿名加工情報データベース等」という。)を事業の用に供している者をいう。」(第16条第6項)のことである。

匿名加工情報取扱事業者については、図2.8に定める事項を遵守する必要がある。

(1)　匿名加工情報の作成等

「個人情報取扱事業者は、匿名加工情報(匿名加工情報データベース等を構成

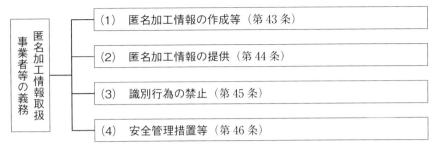

図 2.8　匿名加工情報取扱事業者等の義務

（図中テキスト）

匿名加工情報取扱事業者等の義務

(1)　匿名加工情報の作成等（第 43 条）

(2)　匿名加工情報の提供（第 44 条）

(3)　識別行為の禁止（第 45 条）

(4)　安全管理措置等（第 46 条）

するものに限る。以下この章及び第 6 章において同じ。）を作成するときは、特定の個人を識別すること及びその作成に用いる個人情報を復元することができないようにするために必要なものとして個人情報保護委員会規則で定める基準に従い、当該個人情報を加工しなければならない。」（第 43 条第 1 項）と定められている。つまり、企業が、個人情報を匿名加工して利活用しようとする場合には、個人情報保護委員会規則で定める基準に従わなければならないということである。

　この他に、匿名加工の方法に関する情報漏洩の防止（同第 2 項）、匿名加工情報を作成したときの個人に関する情報の項目の公表（同第 3 項）、匿名加工情報の第三者提供の扱い（同第 4 項）、本人を識別するための匿名加工情報と他の情報との照合の禁止（同第 5 項）、匿名加工情報に係る安全管理措置（同第 6 項）を求めている。

　匿名加工情報を利活用しようとしている企業は、従業員や外部委託先が匿名化した個人情報について、本人を識別する行為が行われないように教育・監督することが重要である。

（2）匿名加工情報の提供

　匿名加工情報を第三者に提供するときは、「個人情報保護委員会規則で定めるところにより、あらかじめ、第三者に提供される匿名加工情報に含まれる個人に関する情報の項目及びその提供の方法について公表するとともに、当該第

三者に対して、当該提供に係る情報が匿名加工情報である旨を明示しなければならない。」(第 44 条)と定めている。

　マーケティングなどで匿名加工情報を第三者に提供することが今後増大すると考えられるが、企業は、匿名加工情報を第三者に自由に提供できるのではなく、個人情報保護委員会規則を遵守して行わなければならない点に留意する必要がある。

(3) 識別行為の禁止

　匿名加工情報を取り扱う場合には、個人情報に係る本人を識別するために、個人情報から削除された記述等、個人識別符号、匿名加工の方法に関する情報を取得したり、当該匿名加工情報を他の情報と照合したりしてはならない(第 45 条)。つまり、匿名加工情報から、その元になった個人を識別しようとする行為を禁止している。企業では、匿名加工を適切に実施することは当然のことであるが、匿名加工された個人を識別しようとする行為も禁止されていることに注意しなければならない。

(4) 安全管理措置等

　匿名加工情報取扱事業者は、「匿名加工情報の安全管理のために必要かつ適切な措置、匿名加工情報の取扱いに関する苦情の処理その他の匿名加工情報の適正な取扱いを確保するために必要な措置を自ら講じ、かつ、当該措置の内容を公表するよう努めなければならない。」(第 46 条)と定められている。つまり、匿名加工情報についても安全管理措置等を講じることが求められている。これには、苦情処理の体制や手続も含まれることに注意が必要である。

2.6　個人情報取扱事業者等の監督

　個人情報保護法では、個人情報保護委員会が行う個人情報取扱事業者等の監督について定められている(第 6 章第 2 節)。内容は、図 2.9 に示すとおりであ

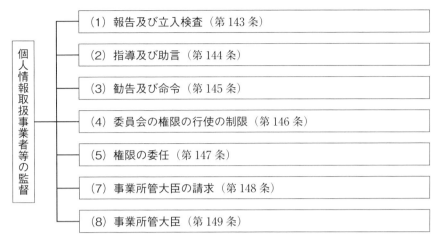

図 2.9　個人情報取扱事業者等の監督

る。

　企業においては、個人情報保護委員会が以下に述べるように監督を行うということを理解しておくとよい。ただし、個人情報保護委員会から監督を受けるような事態にならないように取組みを行うことが重要である。

（1）報告および立入検査

　個人情報保護委員会は、必要な限度において、「個人情報取扱事業者、仮名加工情報取扱事業者、匿名加工情報取扱事業者又は個人関連情報取扱事業者（以下この款において「個人情報取扱事業者等」という。）その他の関係者に対し、個人情報、仮名加工情報、匿名加工情報又は個人関連情報（以下「個人情報等」という。）の取扱いに関し、必要な報告若しくは資料の提出を求め、又はその職員に、当該個人情報取扱事業者等その他の関係者の事務所その他必要な場所に立ち入らせ、個人情報等の取扱いに関し質問させ、若しくは帳簿書類その他の物件を検査させることができる。」（第143条、下線は筆者）ことを定めたものであり、個人情報保護委員会が報告を求め、立入検査を実施できることを定めたものである。

　2020 年改正では、報告および立入検査先に、個人情報取扱事業者に加えて、仮名加工情報取扱事業者、個人関連情報取扱事業者、その他関係者を追加するとともに、個人情報、匿名加工情報に加えて、個人関連情報、仮名加工情報を追加している。

(2) 指導および助言

　個人情報保護委員会は、必要な限度において、「個人情報取扱事業者等に対し、個人情報等の取扱いに関し必要な指導及び助言をすることができる。」(第144 条)と定められており、個人情報保護委員会が企業に対して必要な指導および助言ができるとされている。

(3) 勧告および命令

　個人情報保護委員会は、個人情報保護法に違反した場合、個人の権利利益を保護するため必要があると認めるときは、当該個人情報取扱事業者等に対し、当該違反行為の中止その他違反を是正するために必要な措置をとるべき旨を勧告することができる(第145 条第 1 項)。また、個人の重大な権利利益を害する事実があるため緊急に措置をとる必要があると認める場合には、個人情報取扱事業者等に違反行為の中止その他違反を是正するために必要な措置をとるべきことを命ずることができるとしている(第145 条第 3 項)。さらに、個人情報取扱事業者等が命令に違反したときは、その旨を公表することができるとしている(第145 条第 4 項)。なお、第 145 条第 4 項は 2020 年改正で新設されたものである。

　企業は、個人情報の大規模な漏洩・不正利用や仮名加工情報、匿名加工情報などの不適切な取扱いが行われると、個人情報保護委員会から報告を求められたり、立入検査、指導や助言を受けたりする可能性がある。企業においては、このような事態にならないように日頃から個人情報、仮名加工情報、匿名加工情報などを適切に取り扱うことが求められている。

(4) 個人情報保護委員会の権限の行使の制限

個人情報保護委員会は、個人情報取扱事業者等に対して、報告、資料の提出の要求、立入検査、指導、助言、勧告または命令を行う際には、表現の自由、学問の自由、信教の自由および政治活動の自由を妨げてはならないとし、個人情報保護委員会の権限の行使に一定の制限を加えている（第 146 条）。

(5) 権限の委任

個人情報保護委員会は、緊急かつ重点的に個人情報等の適正な取扱いの確保を図る必要があることその他の政令で定める事情があるため、個人情報取扱事業者等に対し、勧告または命令を効果的に行う上で必要があると認めるときは、事業所管大臣に権限を委任することができる（第 147 条）と定めている。

(6) 事業所管大臣の請求

事業所管大臣は、個人情報取扱事業者等に違反行為があると認めるときや個人情報等の適正な取扱いを確保するために必要があると認めるときは、個人情報保護委員会に対し、この法律の規定に従い適当な措置をとるべきことを求めることができる（第 148 条）と定めている。

(7) 事業所管大臣

事業所管大臣として、厚生労働大臣、国土交通大臣、個人情報取扱事業者等が行う事業を所管する大臣、国家公安委員会、カジノ管理委員会を挙げている（第 149 条）。

2.7　民間団体による個人情報保護の推進

民間団体による個人情報保護の推進は、図 2.10 に示すような仕組みになっている。

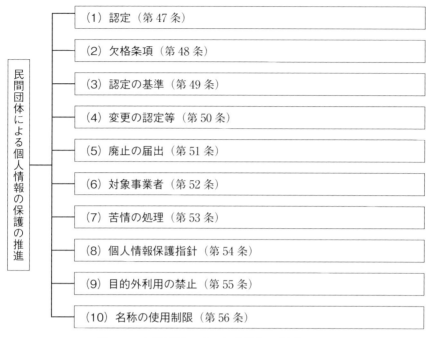

図 2.10　民間団体による個人情報の保護の推進

(1) 認　　定

　個人情報の適正な取扱いの確保を目的として、個人情報保護の取扱いに関する苦情の処理、個人情報の適正な取扱い確保に寄与する事項の情報提供などの業務を行おうとする法人は、個人情報保護委員会の認定を受けることができる（第 47 条）。

　なお、個人情報保護委員会が認定した法人は、個人情報保護委員会のホームページ（https://www.ppc.go.jp/personalinfo/nintei/list/）で団体の名称、対象事業者とする者の事業分野、窓口（TEL）、個人情報保護指針。対象事業者一覧を見ることができる（2021 年 7 月 28 日時点で、42 団体が認定）。

（2）欠格条項

個人情報保護法の規定の刑の執行終了後2年を経過しないなどの条件に該当する法人は、認定を受けることができない（第48条）。

（3）認定の基準

認定を受ける業務の実施方法が定められていること、適正かつ確実に行うための知識・能力・経理的基礎を有することなどが認定の条件になっている（第49条）。

（4）変更の認定等

2020年改正で個人情報保護委員会規則で定める認定に係る業務の範囲の軽微な変更については、個人情報保護委員会の認定が不要となっている（第50条）。

（5）廃止の届出

認定に係る業務を廃止しようとするときは、政令に定めるところにより個人情報保護委員会に届出なければならない（第51条）。

（6）対象事業者

認定個人情報保護団体は、認定業務の対象となることについて同意を得た個人情報取扱事業者等を対象事業者としなければならない（第52条第1項）。また、対象事業者の氏名または名称を公表しなければならない（同第2項）。

（7）苦情の処理

認定個人情報保護団体は、本人その他の関係者から対象事業者の個人情報等の取扱いに関する苦情について解決の申出があったときは、その相談に応じ、申出人に必要な助言をし、その苦情に係る事情を調査するとともに、当該対象事業者に対し、その苦情の内容を通知してその迅速な解決を求めなければならない（第53条第1項）。また、必要があるときは、当該対象事業者に対し、文

書もしくは口頭による説明を求め、または資料の提出を求めることができる
(同第 2 項)。

(8) 個人情報保護指針

　認定個人情報保護団体は、対象事業者の個人情報等の適正な取扱いの確保の
ために、個人情報保護指針を策定しなければならない。個人情報保護指針には、
個人情報に係る利用目的の特定、安全管理のための措置、開示等の請求等に応
じる手続その他の事項、または仮名加工情報もしくは匿名加工情報に係る作成
の方法、その情報の安全管理のための措置その他の事項に関して定めるととも
に、消費者の意見を代表する者その他の関係者の意見を聴いて、作成するよう
努めなければならないとしている(第 54 条第 1 項)。

　また、個人情報保護指針は、個人情報保護委員会に届け出なければならない
(同第 2 項)。

(9) 目的外利用の禁止

　認定個人情報保護団体は、認定業務の実施に際して知り得た情報を認定業務
の用に供する目的以外に利用してはならない(第 55 条)。

(10) 名称の使用制限

　認定個人情報保護団体でない者は、認定個人情報保護団体という名称または
これに紛らわしい名称を用いてはならない(第 56 条)。

個人情報保護委員会による認定個人情報保護団体の監督

　①　報告の徴収
　個人情報保護委員会は、認定個人情報保護団体に対し、認定業務に関し
報告をさせることができる(第 150 条)。

---

② 命　　令

　個人情報保護委員会は、認定個人情報保護団体に対し、認定業務の実施の方法の改善、個人情報保護指針の変更その他の必要な措置をとるべき旨を命ずることができる（第151条）。

③　認定の取消し

　個人情報保護委員会は、認定個人情報保護団体が欠格条項に該当するとき、認定の基準に適合しないときや命令に従わないときなどには、認定を取り消すことができる（第152条）。

2.8　個人情報保護に関するガイドライン

　個人情報保護法を理解し、具体的な安全管理措置などの対策を講じる上で、個人情報保護委員会のホームページで公表している個人情報保護に関するガイドラインが役立つ。個人情報保護委員会は、**表 2.7** に示すガイドラインを公表している。

　なお、**表 2.7** に示したガイドラインのうち、企業で共通して利用できるものは、項番1の「個人情報の保護に関する法律についてのガイドライン（通則編）」である。個人情報保護の責任者や担当者に任命されたら、一読されるとよい。

個人関連情報

　個人情報保護法では、さまざまな用語が出てくる。個人関連情報については、第2条第7項で次のように説明している。「この法律において「個人関連情報」とは、生存する個人に関する情報であって、個人情報、仮名加工情報及び匿名加工情報のいずれにも該当しないものをいう。」

表2.7　個人情報保護に関するガイドライン（個人情報保護委員会）

項番	名称
1	個人情報の保護に関する法律についてのガイドライン（通則編）
2	個人情報の保護に関する法律についてのガイドライン（外国にある第三者への提供編）
3	個人情報の保護に関する法律についてのガイドライン（第三者提供時の確認・記録義務編）
4	個人情報の保護に関する法律についてのガイドライン（匿名加工情報編）
5	個人データの漏えい等の事案が発生した場合等の対応について
6	「個人情報の保護に関する法律についてのガイドライン」及び「個人データの漏えい等の事案が発生した場合等の対応について」に関する Q&A
7	行政機関の保有する個人情報の保護に関する法律についてのガイドライン（行政機関非識別加工情報編）
8	独立行政法人等の保有する個人情報の保護に関する法律についてのガイドライン（独立行政法人等非識別加工情報編）
9	雇用管理分野における個人情報のうち健康情報を取り扱うに当たっての留意事項
10	金融分野における個人情報保護に関するガイドライン
11	金融分野における個人情報保護に関するガイドラインの安全管理措置等についての実務指針
12	信用分野における個人情報保護に関するガイドライン
13	債権管理回収業分野における個人情報保護に関するガイドライン
14	医療・介護関係事業者における個人情報の適切な取扱いのためのガイダンス
15	健康保険組合等における個人情報の適切な取扱いのためのガイダンス
16	電気通信事業における個人情報保護に関するガイドライン

出典）　個人情報保護委員会のホームページ（https://www.ppc.go.jp/personalinfo/legal/）にもとづいて筆者が作成

第3章
安全管理措置
（個人情報保護対策）

3.1　安全管理措置の概要と意義

　企業が、個人情報保護で特に関心をもっているのが安全管理措置である。個人情報保護法（第 23 条）では、「個人情報取扱事業者は、その取り扱う個人データの漏えい、滅失又は毀損の防止その他の個人データの安全管理のために必要かつ適切な措置を講じなければならない。」と定められているが、具体的にどのような対策を講じればよいのかがわかりにくい。

　また、「個人情報の保護に関する法律についてのガイドライン（通則編）」（2021年 10 月一部改正、未施行。以下、個人情報保護ガイドライン）では、「個人情報取扱事業者は、その取り扱う個人データの漏えい、滅失又は毀損（以下「漏えい等」という。）の防止その他の個人データの安全管理のため、必要かつ適切な措置を講じなければならないが、当該措置は、個人データが漏えい等をした場合に本人が被る権利利益の侵害の大きさを考慮し、事業の規模及び性質、個人データの取扱状況（取り扱う個人データの性質及び量を含む。）、個人データを記録した媒体の性質等に起因するリスクに応じて、必要かつ適切な内容としなければならない。具体的に講じなければならない措置や当該措置を実践するための手法の例等については、「10（別添）講ずべき安全管理措置の内容」を参

照のこと。」（下線は筆者）と定めている。

　ここで重要な点は、リスクに応じて必要な対策を講じることであり、すなわち本人が被る侵害の大きさに応じて対策を講じることが求められていることである。企業が安全管理措置を講じる場合には、個人情報保護リスクの評価を行うことが前提になっている（図 3.1）。

　また、「10（別添）講ずべき安全管理措置の内容」においても、「安全管理措置を講ずるための具体的な手法については、個人データが漏えい等をした場合に本人が被る権利利益の侵害の大きさを考慮し、<u>事業の規模及び性質、個人データの取扱状況（取り扱う個人データの性質及び量を含む。）、個人データを記録した媒体の性質等に起因するリスクに応じて</u>、必要かつ適切な内容とすべきものであるため、必ずしも次に掲げる<u>例示の内容の全てを講じなければならないわけではなく</u>、また、適切な手法はこれらの<u>例示の内容に限られない</u>。

　なお、<u>中小規模事業者</u>（※ 1）については、その他の個人情報取扱事業者と同様に、法第 23 条に定める安全管理措置を講じなければならないが、取り扱う<u>個人データの数量及び個人データを取り扱う従業者数が一定程度にとどまること等を踏まえ</u>、円滑にその義務を履行し得るような手法の例を示すこととする。もっとも、中小規模事業者が、その他の個人情報取扱事業者と同様に「手法の例示」に記述した手法も採用することは、より望ましい対応である。」（下線は筆者）と説明している。つまり、リスクに応じて対策を講じればよいこと、例

図 3.1　リスク評価と安全管理措置

示されたすべての対策を講じる必要はないこと、中小規模事業者はリスクが一定水準以下であること、がポイントである。

なお、具体的な安全管理措置は、別添資料になっているので、次節以降で、別添資料「講ずべき安全管理措置の内容」に沿って説明する。

ここで「(※1)「中小規模事業者」とは、従業員(※2)の数が100人以下の個人情報取扱事業者をいう。ただし、次に掲げる者を除く。」とし、「その事業の用に供する個人情報データベース等を構成する個人情報によって識別される特定の個人の数の合計が過去6月以内のいずれかの日において5,000を超える者」および「委託を受けて個人データを取り扱う者」を挙げている。さらに「(※2)中小企業基本法(昭和38年法律第154号)における従業員をいい、労働基準法(昭和22年法律第49号)第20条の適用を受ける労働者に相当する者をいう。」と説明している。

3.2 基本方針の策定と規律の整備

(1) 基本方針の策定

個人情報取扱事業者は、個人データの適正な取扱いの確保について、基本方針を策定することが重要だとしている。基本方針とは、いわゆるプライバシーポリシーのことである。個人情報保護ガイドラインでは、プライバシーポリシーに盛り込む項目として、次の項目を例示している。

- 事業者の名称
- 関係法令・ガイドラインなどの遵守
- 安全管理措置に関する事項
- 質問および苦情処理の窓口、など

(2) 個人データの取扱いに係る規律

個人データの漏洩等の防止、その他の安全管理のために、個人データの具体的な取扱いに係る規律を整備しなければならないとしている。ここでいう規律

とは、いわゆる個人情報管理規則や個人情報管理規程とよばれるものであり、取得、利用、保存、提供、削除・廃棄などの段階ごとに、取扱方法、責任者・担当者およびその任務について定めることが考えられるとしている。また、組織的安全管理措置、人的安全管理措置、物理的安全管理措置、技術的安全管理措置の内容を織り込むことが重要だとしている。

　なお、中小規模事業者の場合には、「個人データの取得、利用、保存等を行う場合の基本的な取扱方法を整備する。」としており、大規模事業者に比べて、簡潔な記述になっている。

3.3　組織的安全管理措置

　個人情報保護ガイドラインでは、「個人情報取扱事業者は、組織的安全管理措置として、次に掲げる措置を講じなければならない。」としている。組織的安全管理措置の構成は、**図3.2**に示すとおりであり、次のように説明している（下線は筆者）。

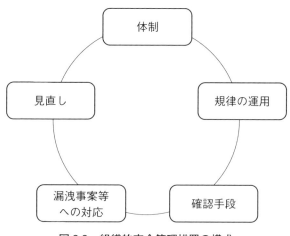

図 3.2　組織的安全管理措置の構成

個人情報保護ガイドラインの「10-3 組織的安全管理措置」

（1）　<u>組織体制</u>の整備

安全管理措置を講ずるための組織体制を整備しなければならない。

（2）　個人データの取扱いに係る<u>規律に従った運用</u>

あらかじめ整備された個人データの取扱いに係る規律に従って個人データを取り扱わなければならない。

なお、整備された個人データの取扱いに係る規律に従った運用の状況を確認するため、利用状況等を記録することも重要である。

（3）　個人データの<u>取扱状況を確認する手段</u>の整備

個人データの取扱状況を確認するための手段を整備しなければならない。

（4）　<u>漏えい等事案</u>に対応する体制の整備

漏えい等事案の発生又は兆候を把握した場合に適切かつ迅速に対応するための体制を整備しなければならない。

なお、漏えい等事案が発生した場合、二次被害の防止、類似事案の発生防止等の観点から、事案に応じて、事実関係及び再発防止策等を早急に公表することが重要である（※）。

　（※）個人情報取扱事業者において、漏えい等事案が発生した場合等の対応の詳細については、3-5（個人データの漏えい等の報告等）を参照のこと。

（5）　取扱状況の把握及び<u>安全管理措置の見直し</u>

個人データの取扱状況を把握し、安全管理措置の評価、見直し及び改善に取り組まなければならない。

組織的安全管理措置のポイントは、体制の整備、規律に従った運用（規程の遵守のこと）、取扱状況を確認する手段（個人情報保護管理台帳などのこと）、漏洩等事案への対応（インシデント対応のこと）、取扱状況・安全管理措置の見直しである。個人情報保護ガイドラインでは、具体的な手法を例示しているの

表 3.1　個人情報保護ガイドラインが例示する組織的安全管理措置の手法

講じなければ ならない措置	手法の例示	中小規模事業者に おける手法の例示
(1) 組織体制の 　　整備	（組織体制として整備する項目の例） • 個人データの取扱いに関する責任者の設置 　及び責任の明確化 • 個人データを取り扱う従業者及びその役割 　の明確化 • 上記の従業者が取り扱う個人データの範囲 　の明確化 • 法や個人情報取扱事業者において整備され 　ている個人データの取扱いに係る規律に違 　反している事実又は兆候を把握した場合の 　責任者への報告連絡体制 • 個人データの漏えい等事案の発生又は兆候 　を把握した場合の責任者への報告連絡体制 • 個人データを複数の部署で取り扱う場合の 　各部署の役割分担及び責任の明確化	• 個人データを取り 　扱う従業者が複数 　いる場合、責任あ 　る立場の者とその 　他の者を区分す 　る。
(2) 個人データ 　　の取扱いに係 　　る規律に従っ 　　た運用	個人データの取扱いに係る規律に従った運 用を確保するため、例えば次のような項目に 関して、システムログその他の個人データの 取扱いに係る記録の整備や業務日誌の作成等 を通じて、個人データの取扱いの検証を可能 とすることが考えられる。 • 個人情報データベース等の利用・出力状況 • 個人データが記載又は記録された書類・媒 　体等の持ち運び等の状況 • 個人情報データベース等の削除・廃棄の状 　況（委託した場合の消去・廃棄を証明する 　記録を含む。） • 個人情報データベース等を情報システムで 　取り扱う場合、担当者の情報システムの利 　用状況（ログイン実績、アクセスログ等）	• あらかじめ整備さ 　れた基本的な取扱 　方法に従って個人 　データが取り扱わ 　れていることを、 　責任ある立場の者 　が確認する。

表 3.1　つ づ き

講じなければ ならない措置	手法の例示	中小規模事業者に おける手法の例示
(3) 個人データ の取扱状況を 確認する手段 の整備	例えば次のような項目をあらかじめ明確化 しておくことにより、個人データの取扱状況 を把握可能とすることが考えられる。 • 個人情報データベース等の種類、名称 • 個人データの項目 • 責任者・取扱部署 • 利用目的 • アクセス権を有する者　等	• あらかじめ整備さ れた基本的な取扱 方法に従って個人 データが取り扱わ れていることを、 責任ある立場の者 が確認する。
(4) 漏えい等事 案に対応する 体制の整備	漏えい等事案の発生時に例えば次のような 対応を行うための、体制を整備することが考 えられる。 • 事実関係の調査及び原因の究明 • 影響を受ける可能性のある本人への通知 • 個人情報保護委員会等への報告 • 再発防止策の検討及び決定 • 事実関係及び再発防止策等の公表　等	• 漏えい等の事案の 発生時に備え、従 業者から責任ある 立場の者に対する 報告連絡体制等を あらかじめ確認す る。
(5) 取扱状況の 把握及び安全 管理措置の見 直し	• 個人データの取扱状況について、定期的に 自ら行う点検又は他部署等による監査を実 施する。 • 外部の主体による監査活動と合わせて、監 査を実施する。	• 責任ある立場の者 が、個人データの 取扱状況につい て、定期的に点検 を行う。

出典）　個人情報保護ガイドライン（通則編）、2021 年 10 月

で、これを参考されるとよい（表 3.1）。また、中小規模事業者における手法も
例示しているので、併せて参考にするとよい。

3.4　人的安全管理措置

　個人情報保護ガイドラインでは、「個人情報取扱事業者は、人的安全管理措置として、次に掲げる措置を講じなければならない。また、個人情報取扱事業者は、従業者に個人データを取り扱わせるに当たっては、法第 24 条に基づき

従業者に対する監督をしなければならない」として、従業者に対する教育の実施を求めている。

　個人情報保護に関するさまざまな対策を実施するのは、人である。対策が実施されなければ、個人情報保護を確保することができないので、個人情報保護対策の基盤となる安全管理措置だといえる。

　具体的な人的安全管理措置については、**表 3.2** に示す手法を例示しているので、参考にするとよい。

表 3.2　個人情報保護ガイドラインが例示する人的安全管理措置の手法

講じなければ ならない措置	手法の例示	中小規模事業者に おける手法の例示
○従業者の教育	• 個人データの取扱いに関する留意事項について、従業者に定期的な研修等を行う。 • 個人データについての秘密保持に関する事項を就業規則等に盛り込む。	（同左）

出典）　個人情報保護ガイドライン（通則編）、2021 年 10 月

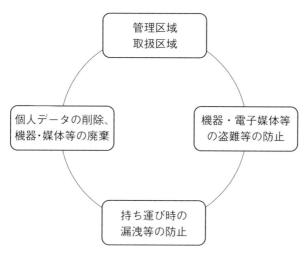

図 3.3　物理的安全管理措置の構成

3.5　物理的安全管理措置

　物理的安全管理措置は、主として建物・事務室内・構内における対策であり、建物や事務室の出入口の施錠、外部の者が侵入できないように塀を設置したり、キャビネットに施錠保管したりする対策のことである。物理的安全管理措置は、図 3.3 に示す構成になっている。

　以下に引用する個人情報保護ガイドラインでは、「個人情報取扱事業者は、物理的安全管理措置として、次に掲げる措置を講じなければならない。」としている（下線は筆者）。

個人情報保護ガイドラインの「10-5 物理的安全管理措置」

（1）　個人データを取り扱う区域の管理

　個人情報データベース等を取り扱うサーバやメインコンピュータ等の<u>重要な情報システムを管理する区域</u>（以下「管理区域」という。）及びその他の<u>個人データを取り扱う事務を実施する区域</u>（以下「取扱区域」という。）について、それぞれ適切な管理を行わなければならない。

（2）　機器及び電子媒体等の盗難等の防止

　個人データを取り扱う<u>機器、電子媒体及び書類等の盗難又は紛失等を防止</u>するために、適切な管理を行わなければならない。

（3）　電子媒体等を持ち運ぶ場合の漏えい等の防止

　個人データが記録された電子媒体又は書類等を持ち運ぶ場合、<u>容易に個人データが判明しないよう、安全な方策を講じなければならない。</u>

　なお、「持ち運ぶ」とは、個人データを管理区域又は取扱区域から外へ移動させること又は当該区域の外から当該区域へ移動させることをいい、事業所内の移動等であっても、個人データの紛失・盗難等に留意する必要がある。

（4）　個人データの削除及び機器、電子媒体等の廃棄

　<u>個人データを削除</u>し又は個人データが記録された機器、電子媒体等を廃

棄する場合は、<u>復元不可能な手段</u>で行わなければならない。

　また、個人データを削除した場合、又は、個人データが記録された機器、電子媒体等を廃棄した場合には、削除又は廃棄した記録を保存することや、それらの作業を委託する場合には、委託先が確実に削除又は廃棄したことについて証明書等により確認することも重要である。

　なお、個人情報保護ガイドラインでは、物理的安全管理措置の手法について示されているので、これを参照するとよい(表3.3)。

表3.3　個人情報保護ガイドラインが例示する物理的安全管理措置の手法

講じなければならない措置	手法の例示	中小規模事業者における手法の例示
(1) 個人データを取り扱う区域の管理	(管理区域の管理手法の例) ・入退室管理及び持ち込む機器等の制限等 　なお、入退室管理の方法としては、ICカード、ナンバーキー等による入退室管理システムの設置等が考えられる。 (取扱区域の管理手法の例) ・間仕切り等の設置、座席配置の工夫、のぞき込みを防止する措置の実施等による、権限を有しない者による個人データの閲覧等の防止	・個人データを取り扱うことのできる従業者及び本人以外が容易に個人データを閲覧等できないような措置を講ずる。
(2) 機器及び電子媒体等の盗難等の防止	・個人データを取り扱う機器、個人データが記録された電子媒体又は個人データが記載された書類等を、施錠できるキャビネット・書庫等に保管する。 ・個人データを取り扱う情報システムが機器のみで運用されている場合は、当該機器をセキュリティワイヤー等により固定する。	(同左)

表3.3　つ　づ　き

講じなければ ならない措置	手法の例示	中小規模事業者に おける手法の例示
(3)　電子媒体等 を持ち運ぶ場 合の漏えい等 の防止	• 持ち運ぶ個人データの暗号化、パスワード による保護等を行った上で電子媒体に保存 する。 • 封緘、目隠しシールの貼付けを行う。 • 施錠できる搬送容器を利用する。	• 個人データが記録 された電子媒体又 は個人データが記 載された書類等を 持ち運ぶ場合、パ スワードの設定、 封筒に封入し鞄に 入れて搬送する 等、紛失・盗難等 を防ぐための安全 な方策を講ずる。
(4)　個人データ の削除及び機 器、電子媒体 等の廃棄	(個人データが記載された書類等を廃棄する 方法の例) • 焼却、溶解、適切なシュレッダー処理等の 復元不可能な手段を採用する。 (個人データを削除し、又は、個人データが 記録された機器、電子媒体等を廃棄する方法 の例) • 情報システム(パソコン等の機器を含む。) において、個人データを削除する場合、容 易に復元できない手段を採用する。 • 個人データが記録された機器、電子媒体等 を廃棄する場合、専用のデータ削除ソフト ウェアの利用又は物理的な破壊等の手段を 採用する。	• 個人データを削除 し、又は、個人デ ータが記録された 機器、電子媒体等 を廃棄したこと を、責任ある立場 の者が確認する。

出典)　個人情報保護ガイドライン(通則編)、2021年10月

3.6　技術的安全管理措置

　技術的安全管理措置は、デジタル技術などを用いた対策のことであり、個人情報保護ガイドラインでは、**図3.4**に示す構成になっている。また、個人情報保護ガイドラインでは、「個人情報取扱事業者は、情報システム(パソコン等の機器を含む。)を使用して個人データを取り扱う場合(インターネット等を通じ

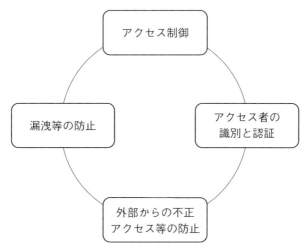

図 3.4　技術的安全管理措置の構成

て外部と送受信等する場合を含む。）、技術的安全管理措置として、次に掲げる措置を講じなければならない。」とし、次のとおり規定している（下線は筆者）。

個人情報保護ガイドラインの「10-6 技術的安全管理措置」

（1）　アクセス制御

担当者及び取り扱う個人情報データベース等の範囲を限定するために、適切な<u>アクセス制御</u>を行わなければならない。

（2）　アクセス者の識別と認証

個人データを取り扱う情報システムを使用する従業者が<u>正当なアクセス権</u>を有する者であることを、識別した結果に基づき<u>認証</u>しなければならない。

（3）　外部からの不正アクセス等の防止

個人データを取り扱う情報システムを外部からの<u>不正アクセス又は不正ソフトウェアから保護</u>する仕組みを導入し、適切に運用しなければならない。

（4） 情報システムの使用に伴う漏えい等の防止

情報システムの使用に伴う個人データの漏えい等を防止するための措置を講じ、適切に運用しなければならない。

ここで、アクセス制御とは、アクセス管理のことであり、不正ソフトウェアは、コンピュータウイルス、マルウェア、悪意のあるプログラムなどといわれる。

なお、個人情報保護ガイドラインでは、外部からのアクセス制御について定めているが、内部からの不正アクセスのリスクもある。企業では、内部からの不正アクセスへの対応策も講じる必要がある。例えば、システム管理者によって個人情報が窃取された事件がある。なお、個人情報に関わる事件については、**第6章**で詳しく紹介する。

また、個人情報ガイドラインには、技術的安全管理措置の手法について例示されているので、これを参照するとよい（**表3.4**）。技術的安全管理措置は、情報セキュリティ対策で広く利用されている手法であり、個人情報保護に特有のものではない。したがって、企業が、個人情報保護対策を講じるときには、情報セキュリティ対策と関連づけて、重複した対策が発生しないように整備・運用する必要がある。

表 3.4　個人情報保護ガイドラインが例示する技術的安全管理措置の手法

講じなければ ならない措置	手法の例示	中小規模事業者に おける手法の例示
(1)アクセス制御	• 個人情報データベース等を取り扱うことのできる情報システムを限定する。 • 情報システムによってアクセスすることのできる個人情報データベース等を限定する。 • ユーザーID に付与するアクセス権により、個人情報データベース等を取り扱う情報システムを使用できる従業者を限定する。	• 個人データを取り扱うことのできる機器及び当該機器を取り扱う従業者を明確化し、個人データへの不要なアクセスを防止する。

3

安全管理措置（個人情報保護対策）

表 3.4　つ づ き

講じなければ ならない措置	手法の例示	中小規模事業者に おける手法の例示
(2) アクセス者の識別と認証	（情報システムを使用する従業者の識別・認証手法の例） • ユーザー ID、パスワード、磁気・IC カード等	• 機器に標準装備されているユーザー制御機能（ユーザーアカウント制御）により、個人情報データベース等を取り扱う情報システムを使用する従業者を識別・認証する。
(3) 外部からの不正アクセス等の防止	• 情報システムと外部ネットワークとの接続箇所にファイアウォール等を設置し、不正アクセスを遮断する。 • 情報システム及び機器にセキュリティ対策ソフトウェア等（ウイルス対策ソフトウェア等）を導入し、不正ソフトウェアの有無を確認する。 • 機器やソフトウェア等に標準装備されている自動更新機能等の活用により、ソフトウェア等を最新状態とする。 • ログ等の定期的な分析により、不正アクセス等を検知する。	• 個人データを取り扱う機器等のオペレーティングシステムを最新の状態に保持する。 • 個人データを取り扱う機器等にセキュリティ対策ソフトウェア等を導入し、自動更新機能等の活用により、これを最新状態とする。
(4) 情報システムの使用に伴う漏えい等の防止	• 情報システムの設計時に安全性を確保し、継続的に見直す（情報システムのぜい弱性を突いた攻撃への対策を講ずることも含む。）。 • 個人データを含む通信の経路又は内容を暗号化する。 • 移送する個人データについて、パスワード等による保護を行う。	• メール等により個人データの含まれるファイルを送信する場合に、当該ファイルへのパスワードを設定する。

出典）　個人情報保護ガイドライン（通則編）、2021 年 10 月

3.7　中小規模企業の安全管理措置の考え方

　中小規模の企業では、要員数やコストなどの面から大規模組織と同様の安全管理措置を講じることが難しい。そこで個人情報保護ガイドラインでは、前述のように中小規模向けの手法を示している。

　中小規模の企業が安全管理措置を検討するときには、リスクの大きさを的確に評価して、優先順位を付けて対策を講じる必要がある。要員数やコストなどの経営資源を有効に活用するためには、リスク評価が不可欠だからである。

　中小規模の企業の場合には、次のようなポイントを踏まえて安全管理措置を講じるとよい。

　①　**情報セキュリティ対策と連携して安全管理措置を講じる**

　安全管理措置は、情報セキュリティ対策と重複する部分が少なくないので、現状の情報セキュリティ対策を点検して、不足する対策を講じると効率的・効果的に安全管理策を講じることができる。

　②　**経営者と連携して個人情報保護を推進する**

　大規模な企業の場合には、経営者の意思決定に時間がかかるケースが少なくない。これに対して、中小規模の企業の場合には、個人情報保護管理者と経営者の距離が近く問題点を直接経営者に説明しやすいので、スピーディーな意思決定が行われやすい。この身軽さを生かして安全管理措置を構築するとよい。

　③　**技術的対策ではなく、管理的対策で十分な場合がある**

　中小規模の企業では、コストをかけて技術的対策を講じるのではなく、人間の管理による対策を講じることも考えるとよい。入退管理システムを導入しなくても、施錠管理などの対策を講じれば十分な場合があるので、リスクの大きさを評価して決めるとよい。

　④　**リスクの大きいところから安全管理措置を講じる**

　個人情報保護ガイドラインで示されたすべての安全管理策を講じるのではなく、自社にとってリスクの大きな部分から安全管理策を講じればよい。やりやすい安全管理措置ではなく、リスクの大きな部分から安全管理措置を講じるこ

3

安全管理措置（個人情報保護対策）

とが大切である。

⑤　ステップバイステップで安全管理策を構築する

　理想の安全管理措置を講じればよいのだが、コスト面からそれが難しい場合がある。その場合には、安全管理措置をステップバイステップで構築してもよい。この場合にも重要な部分（すなわちリスクの大きな部分）から対策を講じるとよい。

第4章
マイナンバーの概要

4.1 番号法の概要

（1）マイナンバーとは

2013年に「行政手続における特定の個人情報を識別するための番号の利用等に関する法律」（平成二十五年法律第二十七号、いわゆる番号法）が制定された。同法は、行政機関、地方公共団体その他の行政事務を処理する者が、個人番号および法人番号を活用することによって、効率的な情報の管理および利用ならびに他の行政事務を処理する者との間における迅速な情報の授受を行うことができるようにして、行政運営の効率化および行政分野におけるより公正な給付と負担の確保を図ることを目的としている。また、申請、届出その他の手続の簡素化による国民の負担軽減、本人確認の簡易な手段その他の利便性の向上を得られるようにするための必要な事項を定めることを目的としている。さらに、個人番号その他の特定個人情報の取扱いが安全かつ適正に行われるようにするために、行政機関の保有する個人情報の保護に関する法律（平成十五年法律第五十八号）、独立行政法人等の保有する個人情報の保護に関する法律（平成十五年法律第五十九号）および個人情報の保護に関する法律（平成十五年法律第五十七号）の特例を定めることを目的としている。

つまり、マイナンバーは、行政手続の効率化によって、国民負担の軽減を図ることを目的としており、本人確認の重要な手段であるマイナンバーの保護についても定めた法律だといえる。マイナンバーについては、個人に付与される個人番号に注目が集まるが、それ以外に法人に対して付与される法人番号があることを忘れてはならない。なお、マイナンバー（個人番号）は、国民一人ひとりがもつ12桁の番号で、生涯利用できるものである。

(2) マイナンバーのメリット

マイナンバーのメリットとしては、次のことが挙げられている。

① 行政の効率化

行政機関や地方公共団体などにおける、さまざまな情報の照合、転記、入力などの時間・労力の削減、業務連携の推進による作業重複などの削減

② 国民の利便性の向上

添付書類の削減などの行政手続の簡素化による、国民の負担軽減。行政機関が保有する自己の情報確認、行政機関からさまざまなサービスのお知らせの受取り。

③ 公平・公正な社会の実現

所得や他の行政サービスの受給状況を把握しやすくなり、負担を不当に免れたり、給付を不正に受けたりすることを防止。本当に困っている方へのきめ細かな支援が可能。

(3) マイナンバーの利用目的

マイナンバーは、広義には個人情報に含まれるが、通常の個人情報と異なって、取得や利用できるケースが限定されている点に特徴がある。つまり、マイナンバーは、次の場合に利用できるものであり、これ以外の目的で利用することができない（**図 4.1**）。企業では、マイナンバーの利用目的が限定されていること、それに携わる者しかマイナンバーを取り扱えない点に留意して業務プロセスを考える必要がある。

① 社会保障

マイナンバーは、年金の資格取得や確認・給付、雇用保険の資格取得や確認・給付、医療保険の給付請求、福祉分野の給付、生活保護などで利用する。なお、マイナンバーは社会保障・税・災害対策分野の中でも、法律や地方公共団体の条例で定められた行政手続にしか使えない。

② 税

マイナンバーは、税務当局に提出する確定申告書、届出書、調書などに記載され、税務当局の内部事務など税に関する業務にしか利用できない。

③ 災害対策

東日本大震災(2011 年)で、個人の特定に手間取ったことなどを背景として、被災者生活再建支援金の支給、被災者台帳の作成事務など、災害対策においてマイナンバーを利用することができる。

企業では、BCP(事業継続計画)を策定する際に、マイナンバーの取扱いについても検討し、必要な対策を講じておくとよい。

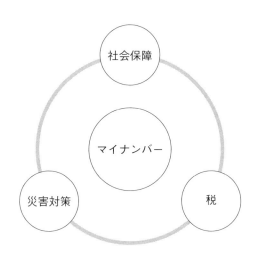

図 4.1 マイナンバーの利用目的

4.2　事業者側での対応

　税務署や地方自治体の他に、企業においても、社会保障や税に関わる業務を行うためにマイナンバーを利用している（**図4.2**）ので、そのための対応が必要になる。本書では、企業における対応に焦点を当てて説明する。

　企業の人事担当者は、所得税や社会保険料の源泉徴収を行う際に、従業員やその家族からマイナンバーを取得し、税務署、地方自治体、年金事務所、健康保険組合、ハローワークなどにマイナンバーを提出する。また、金融機関の顧客、原稿料や講演料の支払先である個人からは、マイナンバーを取得して、税務署に提供している。

　マイナンバーは、販売履歴などの個人情報と異なって、人事担当者などの社内の特定の従業員が取り扱うものであり、取扱者が限定されている。そこで、個人情報保護の教育が広く社員やパート、アルバイト、派遣社員、外部委託先に対して行うのに対して、特定の者にマイナンバーに関する教育を行うという点に特徴がある。

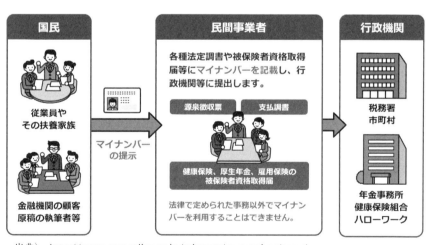

出典）　http://www.gov-online.go.jp/tokusyu/mynumber/corp/

図4.2　事業者におけるマイナンバーの取扱い

4.3 マイナンバーカード

マイナンバーカードは、2016年1月から市町村の窓口で交付が開始されているが、総務省は、マイナンバーカードについて、「マイナンバーカードは、本人の申請により交付され、個人番号を証明する書類や本人確認の際の<u>公的な本人確認書類</u>として利用でき、また、様々な行政サービスを受けることができるようになるICカードです。交付手数料は、当面の間無料です（本人の責による再発行の場合を除く）。」（出典：https://www.soumu.go.jp/kojinbango_card/03.html#card、下線は筆者）。と説明している

マイナンバーカードの表面には、次の項目が記載されている。

- 氏名
- 住所
- 生年月日
- 性別
- 顔写真
- 電子証明書の有効期限の記載欄
- セキュリティコード
- サインパネル領域（券面の情報に修正が生じた場合、その新しい情報を記載（引越した際の新住所など））
- 臓器提供意思表示欄

また、裏面には、個人番号が記載されている。

マイナンバーカードは、金融機関などの本人確認が必要な窓口で本人確認書類として利用できるが、個人番号をコピー・保管できる事業者は、行政機関や雇用主など、法令に規定された者に限定されており、その他の事業者は、個人番号が記載されているカードの裏面をコピー・保管することはできない。

マイナンバーカードは、市区町村への申請によって、交付される。マイナンバーカードには、ICチップが埋め込まれているが、マイナンバーカードに記録されるのは、券面に記載された氏名、住所、個人番号などのほか、電子証明

書などに限定されている。所得などのプライバシー性の高い個人情報は記録されない。また、マイナンバーカードには、e-Tax などの電子申請等が行える電子証明書も標準搭載しており、図書館利用や印鑑登録証など、地方公共団体が条例で定めるサービスにも利用可能である。また、健康保険証としての利用が始まったところである。

4.4　マイナンバーに関わるガイドライン

（1）特定個人情報の適正な取扱いに関するガイドライン（事業者編）

マイナンバーに関わるガイドラインとして、「特定個人情報の適正な取扱いに関するガイドライン（事業者編）」（個人情報保護委員会、2014 年 12 月 11 日、2021 年 8 月 一 部 改 正、2022 年 4 月 施 行。https://www.ppc.go.jp/files/pdf/20220401_my_number_guideline_jigyosha.pdf）が定められている。

このガイドラインでは、「本ガイドラインは、個人番号を取り扱う事業者（独立行政法人等個人情報保護法第 2 条第 1 項（筆者注：2021 年改正で第 2 条第 9 項）に規定する独立行政法人等及び「地方独立行政法人法」（平成 15 年法律第 118 号）第 2 条第 1 項に規定する地方独立行政法人を除く。以下「事業者」という。）が特定個人情報の適正な取扱いを確保するための具体的な指針を定めるものである。」（下線は筆者）と説明されている。企業が、マイナンバーの適正な取

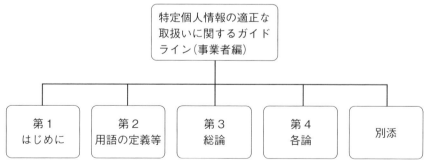

図 4.3　特定個人情報の適正な取扱いに関するガイドライン（事業者編）の構成

扱いを整備する際には、このガイドラインを参照する必要がある。このガイドラインは、総論と各論から構成されている(図4.3)。

　企業にとって、このガイドラインで特に参考になるのは別添である。「(別添1)特定個人情報に関する安全管理措置(事業者編)」と「(別添2)特定個人情報の漏えい等に関する報告等(事業者編)」を参照しながら、安全管理措置を整備・運用するとともに、万が一漏洩等が発生した場合の対応をあらかじめ講じておくことが重要である。

　総論では、目的、本ガイドラインの適用対象など、本ガイドラインの位置付けなど、番号法の特定個人情報に関する保護措置、特定個人情報保護のための主体的な取組み、特定個人情報の漏洩等事案が発生した場合の対応、本ガイドラインの見直しについて、定められている(図4.4)。企業においては、特定個人情報の保護措置、特定個人情報が漏洩した場合の対応(インシデント対応)が重要である。

　各論では、特定個人情報の利用制限、特定個人情報の安全管理措置等、特定個人情報の提供制限等、第三者提供の停止に関する取扱い、特定個人情報保護評価、個人情報保護法の主な規定、個人番号利用事務実施者である健康保険組合等における措置等、について定められている(図4.5)。企業では、特定個

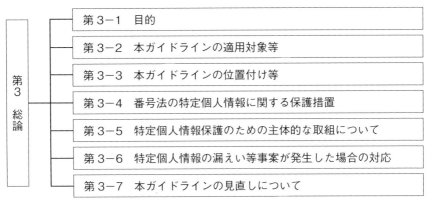

図 4.4　総論の構成

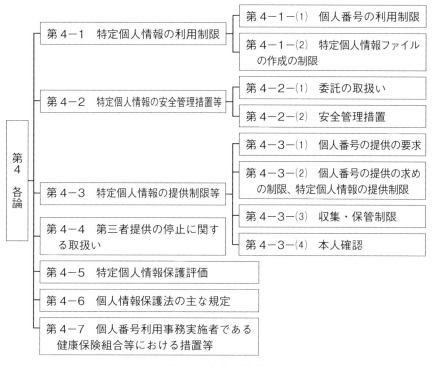

図4.5　各論の構成

情報（マイナンバー）の利用制限、安全管理措置等が特に重要である。ガイドラインで示されている安全管理措置を整備し運用しておかない場合には、企業の管理責任が問われるおそれがあるからである。

(2) 用語の定義

　マイナンバーに関しては、似たような用語が用いられているので、マイナンバーに関して適切な対応を行う場合には、これらの用語の意味を理解することが重要である。用語については、「特定個人情報の適正な取扱いに関するガイドライン（事業者編）」で、次のように定められている。

　企業でマイナンバーに関して行われる事務処理は、このうちの個人番号関係

事務に該当する。地方自治体等がマイナンバーを取り扱う場合とは異なるので注意が必要である。なお、個人情報保護法の条文については、法施行時における実際の条文と異なる場合があるので、注意されたい。

① 個人情報

「生存する個人に関する情報であって、次の各号のいずれかに該当するものをいう。

一　当該情報に含まれる氏名、生年月日その他の記述等（文書、図画若しくは電磁的記録（電磁的方式（電子的方式、磁気的方式その他人の知覚によっては認識することができない方式をいう。個人情報保護法第2条第2項第2号において同じ。）で作られる記録をいう。同法第18条第2項において同じ。）に記載され、若しくは記録され、又は音声、動作その他の方法を用いて表された一切の事項（個人識別符号を除く。）をいう。以下同じ。）により特定の個人を識別することができるもの（他の情報と容易に照合することができ、それにより特定の個人を識別することができることとなるものを含む。）

二　個人識別符号が含まれるもの」（下線は筆者）

② 個人番号

「番号法第7条第1項又は第2項の規定により、住民票コードを変換して得られる番号であって、当該住民票コードが記載された住民票に係る者を識別するために指定されるものをいう（番号法第2条第6項及び第7項、第8条並びに第48条並びに附則第3条第1項から第3項まで及び第5項における個人番号）。」（下線は筆者）

③ 特定個人情報

「個人番号（個人番号に対応し、当該個人番号に代わって用いられる番号、記号その他の符号であって、住民票コード以外のものを含む。番号法第7条第1項及び第2項、第8条並びに第48条並びに附則第3条第1項から第3項まで及び第5項を除く。）をその内容に含む個人情報をいう。」（下線は筆者）

なお、生存する個人の個人番号についても、特定個人情報に該当するとしている。

④　特定個人情報ファイル

「個人番号をその内容に含む個人情報ファイルをいう。」(下線は筆者)

⑤　保有個人データ

個人情報取扱事業者が、「開示、内容の訂正、追加又は削除、利用の停止、消去及び第三者への提供の停止を行うことのできる権限を有する個人データであって、その存否が明らかになることにより公益その他の利益が害されるものとして個人情報保護法施行令で定めるもの又は6か月以内に消去することとなるもの以外のものをいう。」(下線は筆者)

⑥　個人番号利用事務

「行政機関、地方公共団体、独立行政法人等その他の行政事務を処理する者が番号法第9条第1項又は第2項の規定によりその保有する特定個人情報ファイルにおいて個人情報を効率的に検索し、及び管理するために必要な限度で個人番号を利用して処理する事務をいう。」(下線は筆者)

⑦　個人番号関係事務

「番号法第9条第3項の規定により個人番号利用事務に関して行われる他人の個人番号を必要な限度で利用して行う事務をいう。」(下線は筆者)

(3) 特定個人情報に関する保護措置

特定個人情報(いわゆるマイナンバー)は、図4.6に示す保護措置を講じなければならない。

(a) 特定個人情報の利用制限

マイナンバーについては、利用できる範囲が、社会保障、税および災害対策に関する特定の事務に限定されている(番号法第9条)。企業では、この点に留意しなければならない。例えば、営業目的でマイナンバーを活用することはできない。企業の経営者・管理者は、営業戦略や営業施策を考えるときにこのような法令違反を行わないように注意しなければならない。

なお、マイナンバーが収録されている個人情報ファイル(データベース)は、

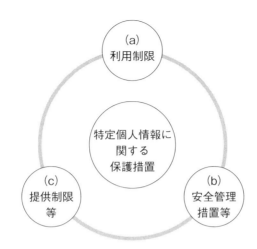

図 4.6　特定個人情報の保護措置

特定個人情報ファイルといわれるが、利用目的を超えた作成を禁止している（番号法第 29 条）点にも注意が必要である。

（b）特定個人情報の安全管理措置等

マイナンバーの場合には、個人情報保護法で求める安全管理措置に加えて、すべての事業者に対して、個人番号（生存する個人のものだけでなく死者のものも含む。）について安全管理措置を講じることを求めている（番号法第 12 条）。なお、特定個人情報の取扱いエリアは、**図 4.7** に示すように個人情報を取り扱うエリアよりも限定されている。

さらに、個人番号関係事務または個人番号利用事務を再委託する場合には委託者による再委託の許諾を要件とする（同法第 10 条）とともに、委託者の委託先に対する監督義務を課している（同法第 11 条）。

（c）特定個人情報の提供制限等

マイナンバーの提供について、個人情報保護法よりも限定的に定めている（番号法第 19 条）。また、何人も、マイナンバーの提供を受けることが認めら

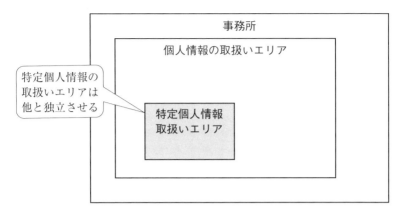

特定個人情報の
取扱いエリアは
他と独立させる

事務所

個人情報の取扱いエリア

特定個人情報
取扱いエリア

図 4.7　取扱いエリアの独立

れている場合を除き、他人（自己と同一の世帯に属する者以外の者をいう。）に
対し、個人番号の提供を求めてはならない（同法第 15 条）。さらに、特定個人
情報の収集または保管についても同様の制限を定めており（同法第 20 条）、本
人から個人番号の提供を受ける場合には、本人確認を義務づけている（同法第
16 条）。

　企業で所得税や社会保険料の源泉徴収を行う場合に、家族のマイナンバーの
提供を求めることがあるが、この場合については、従業員が家族の本人確認を
していると考えて、企業は家族の本人確認を行う必要はないとされている。

4.5　個人情報と特定個人情報（マイナンバー）の保護策の違い

（1）特定個人情報の利用制限

　個人情報保護法では、個人情報の利用目的についてできる限り特定（個人情
報保護法第 17 条）することが求められており、原則として当該利用目的の範囲
内でのみ利用することができるとしている（同法第 18 条）。なお、個人情報を
利用することができる事務の範囲については特段制限していない。

　一方、番号法では、個人番号を利用することができる範囲について、社会保障、税および災害対策に関する特定の事務に限定している（番号法第9条）。本来の利用目的を超えて例外的に特定個人情報を利用することができる範囲について、個人情報保護法における個人情報の利用の場合よりも限定的に定めている（同法第9条第4項、第30条第3項）。また、必要な範囲を超えた特定個人情報ファイルの作成を禁止している（同法第29条）。

（2）個人番号を利用することができる事務の範囲

　個人番号を利用できる事務の範囲は、次の①および②のとおりであり、利用目的を超えた個人番号の利用は禁止されている。特定個人情報ガイドライン（事業者編）では「個人情報取扱事業者は、個人番号の利用目的をできる限り特定しなければならない」（個人情報保護法第17条第1項、下線は筆者）、しかし「その特定の程度としては、本人が、自らの個人番号がどのような目的で利用されるのかを一般的かつ合理的に予想できる程度に具体的に特定することが望ましい。」としている。また、合併等の場合には、「本人の同意があったとしても、承継前に特定されていた利用目的を超えて特定個人情報を利用してはならない。」（下線は筆者）としている。

　①　個人番号利用事務

　事業者においては、健康保険組合等の一部の事業者が法令にもとづきこの事務を行う（**図4.8**）。

　②　個人番号関係事務

　事業者が、法令にもとづき、従業員などの個人番号を給与所得の源泉徴収票、支払調書、健康保険・厚生年金保険被保険者資格取得届などの書類に記載して、行政機関等および健康保険組合などに提出する事務である。企業でマイナンバーを取り扱う業務は、個人番号関係事務に該当する。

　なお、マイナンバーについて、例外的な取扱いができる場合として、次のケースを挙げている。

　・金融機関が激甚災害時などに金銭の支払を行う場合

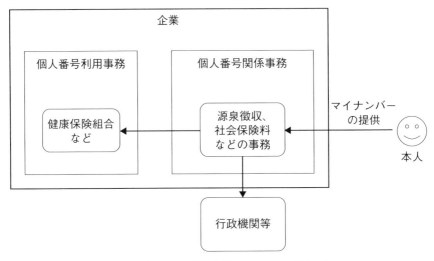

図4.8　個人番号関係事務と個人番号利用事務

- 人の生命、身体または財産の保護のために必要がある場合であって、本人の同意があり、または本人の同意を得ることが困難である場合

(3) 特定個人情報ファイルの作成の制限

個人情報保護法では、個人情報が含まれるデータベースの作成については特に制限されていないが、マイナンバーが含まれるデータベース(特定個人情報ファイル)の作成は、特定個人情報ガイドライン(事業者編)において次のように制限されている。「事業者が、特定個人情報ファイルを作成することができるのは、個人番号関係事務又は個人番号利用事務を処理するために必要な範囲に限られている。法令に基づき行う従業員等の源泉徴収票作成事務、健康保険・厚生年金保険被保険者資格取得届作成事務等に限って、特定個人情報ファイルを作成することができるものであり、これらの場合を除き特定個人情報ファイルを作成してはならない。」また、「事業者は、従業員等の個人番号を利用して営業成績等を管理する特定個人情報ファイルを作成してはならない。」と定められている点に注意が必要である。

(4) 特定個人情報の安全管理措置等

　個人情報保護法では、個人情報取扱事業者に対して、個人データに関する安全管理措置を講ずること(個人情報保護法第23条)とし、従業者の監督義務および委託先の監督義務(同法第24条、第25条)を課している。

　一方、番号法では、個人情報保護法の安全管理措置等に加え、すべての事業者に対して、個人番号(生存する個人のものだけでなく死者のものも含む。)について安全管理措置を講ずること(番号法第12条)とされている。また、個人番号関係事務または個人番号利用事務を再委託する場合には委託者による再委託の許諾を要件とする(同法第10条)とし、委託者の委託先に対する監督義務(同法第11条)を課している。

(5) 委託先の監督

　番号法、個人情報保護法とも、次のように委託先における安全管理措置を求めている。特定個人情報保護ガイドライン(事業者編)では「委託者は、「委託を受けた者」において、番号法に基づき委託者自らが果たすべき安全管理措置と同等の措置が講じられるよう必要かつ適切な監督を行わなければならない。」としている。

　また、同ガイドラインでは必要かつ適切な監督として、「委託先において、番号法に基づき委託者自らが果たすべき安全管理措置と同等の措置が講じられるか否かについて、あらかじめ確認しなければならない。具体的な確認事項としては、委託先の設備、技術水準、従業者に対する監督・教育の状況、その他委託先の経営環境等が挙げられる。」とし、「契約内容として、秘密保持義務、事業所内からの特定個人情報の持ち出しの禁止、特定個人情報の目的外利用の禁止、再委託における条件、漏えい事案等が発生した場合の委託先の責任、委託契約終了後の特定個人情報の返却又は廃棄、従業者に対する監督・教育、契約内容の遵守状況について報告を求める規定等を盛り込まなければならない。」(図4.9)としている。

　委託先の監督は、委託先を直接監督する方法、または委託先が再委託先を監

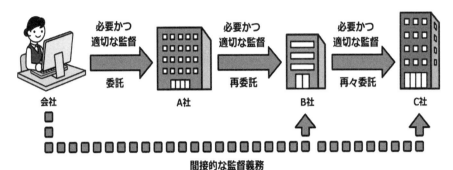

出典）　http://www.gov-online.go.jp/tokusyu/mynumber/corp/

図 4.9　委託先の監督

督する方法によって、委託元の会社が再委託先を監督する方法が考えられる。委託先を監督する場合には、監督の権限が必要になるので、業務委託契約などで立入検査権を含めた監督の内容について明確にしておく必要がある。

　また、実務的には、定期あるいは不定期に委託先に対して業務の遂行状況を確かめるようにするとよい。特に立入検査を行うことによって、作業実態を把握することができるし、必要な改善を依頼することができる。立入検査のポイントは、個人情報およびマイナンバーに関わる業務の委託元である企業が、個人情報およびマイナンバーの適切な取扱いについて関心をもっていることを委託先にアピールすることにある。

　ところで、個人情報およびマイナンバーの取扱いは、業務プロセスの部分部分をばらばらに監督するのではなくて、個人情報およびマイナンバーの取得から廃棄するまでのプロセス全体（ライフサイクル）を考えて監督することである。例えば、図 4.10 に示すように、職場での管理状況、不要になった帳票や情報機器を廃棄するまでの一時保管場所での管理状況、廃棄処理を行う場所までの輸送経路での管理状況、最後に廃棄処理を行う場所での管理状況などというようにプロセス全体について、適切な管理が行われているかどうか、委託先を監督することが大切である。

図 4.10　帳票の廃棄処理のプロセス

（6）安全管理措置

番号法、個人情報保護法とも、次のように安全管理措置を求めている。特定個人情報保護ガイドライン(事業者編)では「個人番号(生存する個人のものだけでなく死者のものも含む。)及び特定個人情報(以下「特定個人情報等」という。)の漏えい、滅失又は毀損の防止その他の特定個人情報等の管理のために、必要かつ適切な安全管理措置を講じなければならない。」とし、従業者(従業員のほか、取締役、監査役、派遣社員など含む)に対して、「特定個人情報等を取り扱わせるに当たっては、特定個人情報等の安全管理措置が適切に講じられるよう、当該従業者に対する必要かつ適切な監督を行わなければならない。」としている。

同ガイドラインでは、安全管理措置を**図 4.11** に示す手順で検討する必要があるとしている。ここで示されている検討手順は、情報セキュリティマネジメントを構築するときの手順と同様であるので、情報セキュリティに関して知見のある方にとっては馴染みやすい概念だといえる。

安全管理措置については、別添資料で示されている対策を講じる必要がある(**図 4.12**)。具体的には、組織的安全管理措置、人的安全管理措置、物理的安全管理措置、技術的安全管理措置に整理して対策を説明している。組織的安全管理措置は、マイナンバーを適切に取り扱うための組織体制を整備することを求めており、人的安全管理措置は、マイナンバーを取り扱う人を対象にした対策である。また、物理的安全管理措置は、建物管理やキャビネットへの書類の施錠保管などの対策のことである。また、技術的安全管理措置は、マイナンバー

A　個人番号を取り扱う事務の範囲の明確化

B　特定個人情報等の範囲の明確化

C　事務取扱担当者の明確化

D　基本方針の策定

E　取扱規程等の策定

出典)　個人情報保護委員会「特定個人情報保護ガイドライン(事業者編)」にもとづき作成

図 4.11　安全管理措置の検討手順

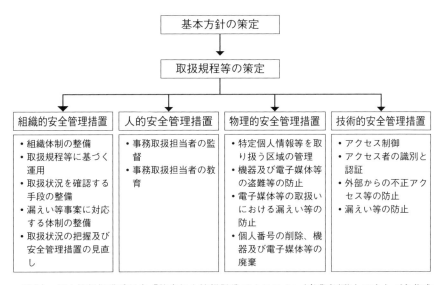

基本方針の策定

取扱規程等の策定

組織的安全管理措置	人的安全管理措置	物理的安全管理措置	技術的安全管理措置
・組織体制の整備 ・取扱規程等に基づく運用 ・取扱状況を確認する手段の整備 ・漏えい等事案に対応する体制の整備 ・取扱状況の把握及び安全管理措置の見直し	・事務取扱担当者の監督 ・事務取扱担当者の教育	・特定個人情報等を取り扱う区域の管理 ・機器及び電子媒体等の盗難等の防止 ・電子媒体等の取扱いにおける漏えい等の防止 ・個人番号の削除、機器及び電子媒体等の廃棄	・アクセス制御 ・アクセス者の識別と認証 ・外部からの不正アクセス等の防止 ・漏えい等の防止

出典)　個人情報保護委員会「特定個人情報保護ガイドライン(事業者編)」にもとづき作成

図 4.12　安全管理措置の内容

を収録したデータベース(特定個人情報保護ファイル)へのアクセス管理などの対策のことである。

　なお、安全管理措置は、思いつきでさまざまな対策を講じるのではなく、基本方針を策定し、それを詳細化した取扱規程を策定した上で、取扱規程にもとづいて講じることが重要である。

　安全管理措置を適切なものにするためには、マイナンバーに関わるリスクを評価した上で、把握したリスクを低減するための対策(コントロール)を体系的に講じることがポイントである。

(7)　特定個人情報の提供制限等

　個人情報保護法では、個人情報取扱事業者に対し、個人データについて、法令の規定にもとづく場合等を除くほか、本人の同意を得ないで、第三者に提供することを認めていない(個人情報保護法第27条)としている。一方、番号法では、特定個人情報の提供について、個人番号の利用制限と同様に、個人情報保護法における個人情報の提供の場合よりも限定的に定めている(番号法第19条)としており、マイナンバーのほうが、提供制限について厳しく定められている。

　さらに、特定個人情報の提供を受けることが認められている場合を除き、他人に対し、個人番号の提供を求めてはならない(同法第15条)とし、特定個人情報の収集または保管についても制限している(同法第20条)。また、本人から個人番号の提供を受ける場合には、本人確認を義務づけている(同法第16条)。

(8)　特定個人情報の提供制限等

　番号法では、提供の要求(番号法第14条第1項)として、「事業者は、個人番号関係事務又は個人番号利用事務を行うため、本人又は他の個人番号関係事務実施者若しくは個人番号利用事務実施者から個人番号の提供を受ける必要がある。」(個人情報保護委員会「特定個人情報保護ガイドライン(事業者編)」)とし

4

マイナンバーの概要

ている。また、提供を求める時期として、「個人番号関係事務実施者又は個人番号利用事務実施者は、個人番号関係事務又は個人番号利用事務を処理するために必要があるときに個人番号の提供を求めることとなる。」（同ガイドライン）と定めている。

さらに、マイナンバーの提供の求めの制限（番号法第15条）として、「何人も、<u>番号法第19条各号のいずれかに該当し特定個人情報の提供を受けることができる場合を除き、他人の個人番号の提供を求めてはならない。</u>」（同ガイドライン）としている。

また、同ガイドラインでは、個人番号の提供要求について、次のように定めている。

① **本人に対する個人番号の提供の要求**

従業員などに対する給与の源泉徴収事務などに必要な個人番号の提供、講演料、地代等の支払先に対する支払調書の作成事務に必要な番号の提供を要求する。

② **他の個人番号関係事務実施者または個人番号利用事務実施者に対する個人番号の提供の要求**

従業員などの扶養親族の個人番号を記載した扶養控除等申告書の提出を要求する。

このように、マイナンバーは、厳しい取扱いが求められていることがわかる。

（9）個人番号の提供の求めの制限、特定個人情報の提供制限

マイナンバーやマイナンバーが含まれる個人情報について次のような制限がある。なお、「提供」とは、法的な人格を超える特定個人情報の移動を意味するものであり、同一法人の内部等の法的な人格を超えない特定個人情報の移動は「提供」ではなく「利用」に当たり、利用制限（番号法第9条、第28条、第29条第3項、第32条）に従うと定められている（同ガイドライン）。

① **提供の求めの制限**

番号法第19条各号のいずれかに該当し特定個人情報の提供を受けることが

できる場合を除き、他人の個人番号の提供を求めてはならない。

② **特定個人情報の提供制限**

番号法で限定的に明記された場合を除き、特定個人情報を「提供」してはならない。

③ **特定個人情報を提供できる場合**

個人番号利用事務実施者からの提供、個人番号関係事務実施者からの提供、本人または代理人からの提供、使用者等から他の使用者等に関する特定個人情報の提供、委託、合併に伴う提供、情報提供ネットワークシステムを通じた提供、委員会からの提供の求め、各議院審査等その他公益上の必要があるときの提供、人の生命、身体または財産の保護のための提供について定めている。

④ **個人情報保護法上の第三者提供との違い**

個人情報保護法では、本人の同意がある場合、法令の規定にもとづく場合などには、第三者に個人データを提供することができる。しかし、マイナンバーの場合には、上述のように厳しく制限されている。

(10) 収集・保管制限

マイナンバーの収集・保管については、番号法第19条各号のいずれかに該当する場合を除き、他人の個人番号を含む特定個人情報を収集又は保管してはならないとして、収集・保管が制限されている(同ガイドライン)。

(11) 本人確認

本人確認については、番号法、番号法施行令、番号法施行規則および個人番号利用事務実施者が認める方法に従うこととなるため、適切に対応する必要があると定められている(同ガイドライン)。

(12) 第三者提供の停止に関する取扱い

保有個人データである特定個人情報が、番号法に違反して違法に第三者に提供されているという理由により、本人から第三者への当該特定個人情報の提供

4

マイナンバーの概要

の停止を求められた場合であって、その求めに理由があることが判明したときには、遅滞なく、当該特定個人情報の第三者への提供を停止しなければならないと定められている（同ガイドライン）。

（13）特定個人情報保護評価（PIA）

PIA は、地方自治体等で実施されるものであり、企業に求められているものではない。ただし、PIA の考え方は、マイナンバーや個人情報保護に関わる対策を講じる際の参考になるので、一読されるとよい。

PIA とは、情報提供ネットワークシステムを使用して情報連携を行う事業者が、特定個人情報の漏洩その他の事態を発生させるリスクを分析し、そのようなリスクを軽減するための適切な措置を講ずることを宣言するもの（番号法第 27 条、第 28 条）である。行政機関等以外の者で、情報提供ネットワークシステムを使用して情報連携を行う事業者としては、健康保険組合等が挙げられる。特定個人情報保護評価の実施が義務づけられていない事業者が、任意に特定個人情報保護評価の手法を活用することは、特定個人情報の保護の観点から有益である。

PIA とは

　個人情報保護委員会のホームページで、特定個人情報保護評価書が公表されている（https://www.ppc.go.jp/mynumber/）。地方自治体がマイナンバーに関わる情報システムの公開等を実施する場合に PIA の実施が求められているが、詳細な評価が行われている。その評価手法は、企業がマイナンバーに関わるリスク評価を実施する際の参考になる。また、個人情報保護に関わるリスク評価を実施する際の参考になる。

---

(14) 個人番号利用事務実施者である健康保険組合等における措置等

健康保険組合等は、今まで述べた安全管理措置に加えて、次の点に留意する必要がある(同ガイドライン)。

①　地方公共団体情報システム機構に対する機構保存本人確認情報についての提供の要求(番号法第 14 条第 2 項、番号法施行令第 11 条)

個人番号利用事務の対象者の個人番号が判明していない場合など、個人番号利用事務を処理するために必要があるときは、地方公共団体情報システム機構に対し、個人番号等の機構が保存する本人確認情報の提供を求めることができる。

②　情報提供ネットワークシステムによる特定個人情報の情報連携等

健康保険組合等は「情報提供ネットワークシステム」を通じて特定個人情報に関する情報連携を行うことができる。また、情報提供ネットワークシステムによる特定個人情報の情報連携、情報提供等の記録、秘密の管理等、情報提供等の記録の取扱いについて定めているので、参照されたい。

(15) 個人情報とマイナンバーの対策の相違点

個人情報およびマイナンバーの保護について、情報のライフサイクルの視点から、個人情報保護法と番号法を対比して見ると両者の違いがわかりやすい(表 4.1)。

表 4.1　個人情報とマイナンバーの対策の相違点

区分	個人情報保護法	番号法
取得	・利用目的の特定(第17条) ・適正な取得(第20条) ・取得に際して利用目的の通知等(第21条)	・提供の要求(第14条) ・提供の求めの制限(第15条) ・収集等の制限(第20条) ・本人確認(第16条)
安全管理措置等	・安全管理措置(第23条) ・従業者の監督(第24条) ・委託先の監督(第25条)	・委託の取扱い(第10条、第11条) ・安全管理措置(第12条)
保管	・データ内容の正確性の確保等(第22条)	・収集等の制限(第20条)
利用	・利用目的による制限(第18条) ・取得に際しての利用目的の通知等(第21条)	・利用範囲(第9条) ・特定個人情報ファイルの作成の制限(第29条)
提供	・第三者提供の制限(第27条)	・個人番号の提供の求めの制限(第15条) ・特定個人情報の提供制限(第19条)
開示 訂正 利用停止	・保有個人データに関する事項の公表等(第32条) ・開示、訂正等、利用停止等、理由の説明、開示請求等に応じる手続、手数料、事前の請求、個人情報取扱事業者による苦情の処理(第33条～第40条)	・第三者提供の停止に関する取扱い(第30条第3項)
廃棄	――――	・収集等の制限(第20条)

第5章
GDPRの概要

5.1 GDPRとは

(1) GDPRの概要

　ここでは、個人情報保護について、EUの動向を説明する。EUでは、GDPRが施行され、EUまたは英国域内でビジネスを展開する企業では、大きな影響を受けることになった。

　個人情報保護委員会は、GDPRについて、次のように説明している*。

　「EU(※)では、EU域内の個人データ保護を規定する法として、1995年から現在に至るまで適用されている「EUデータ保護指令(Data Protection Directive 95)」に代わり、2016年4月に制定された「GDPR(General Data Protection Regulation：一般データ保護規則)」が2018年5月25日に施行されました。

　GDPRは個人データやプライバシーの保護に関して、EUデータ保護指令より厳格に規定します。

　また、EUデータ保護指令がEU加盟国による法制化を要するのに対し、

＊出典：https://www.ppc.go.jp/enforcement/infoprovision/laws/GDPR/

GDPR は EU 加盟国に同一に直接効力を持ちます。

　※ EU：EU 加盟国及び欧州経済領域(EEA)の一部であるアイスランド、ノ
　　ルウェー、リヒテンシュタイン」

(2) GDPR のポイント

GDPR は、1995 年の EU データ保護指令の原則を、次のように最新のもの
に変更したものである*。

- 個人の権利の強化
- EU 域内市場の強化
- 規則の強化の保証
- 個人データの国際移転の簡素化
- グローバルなデータ保護水準の設定

これによって、「人々は個人データをより制御できるようになり、個人デー
タにアクセスしやすくなります。インターネット上でよくあるように、移転、
処理、保存される場所に関係なく、それが EU 域外であっても、個人情報が確
実に保護されるようデザインされます。」としている*。

(3) GDPR の内容

GDPR の具体的な内容は、「個人データの取扱いと関連する自然人の保護に
関する、及び、そのデータの自由な移転に関する、並びに、指令 95/46/EC を
廃止する欧州議会及び理事会の 2016 年 4 月 27 日の規則(EU)2016/679(一般デ
ータ保護規則)」(個人情報保護委員会仮日本語訳、https://www.ppc.go.jp/
files/pdf/gdpr-provisions-ja.pdf)を参照するとよい。

GDPR は、**図 5.1** に示す構成になっている。

＊出典：https://www.ppc.go.jp/files/pdf/Factsheet-20170524QandA.pdf

GDPR

第1章 一般規定

第2章 基本原則

第3章 データ主体の権利

第4章 管理者及び処理者

第5章 第三国又は国際機関への個人データの移転

第6章 独立監督機関

第7章 協力と一貫性

第8章 救済、法的責任及び制裁

第9章 特定の取扱いの状況と関係する条項

第10章 委任される行為及び実装行為

第11章 最終規定

出典) 個人情報保護委員会仮日本語訳、https://www.ppc.go.jp/files/pdf/gdpr-provisions-jp.pdf

図5.1 GDPR の構成

（a） 一 般 規 定

GDPR が、個人データの取扱いと関連する自然人の保護に関する規定および個人データの自由な移動に関する規定を定めること、自然人の基本的な権利および自由、特に、自然人の個人データの保護の権利を保護すること、EU 域内における個人データの自由な移動は、個人データの取扱いと関連する自然人の保護と関係する理由のゆえに制限されることも禁止されることもないこと（対象事項および目的）を定めている。また、個人データの取扱いでありファイリングシステムの一部を構成するもの、構成することが予定されているものに対し適用されること（実体的適用範囲）、EU 域内で行われるものであるか否かを問わず、EU 域内の管理者または処理者の拠点の活動の過程における個人データの取扱いに適用されること（地理的適用範囲）、「個人データ」、「プロファイ

5

GDPRの概要

103

リング」、「仮名化」「データ主体の「同意」」などの定義を定めている。

（b）基 本 原 則

　個人データの取扱いと関連する基本原則（「データ主体との関係において、適法であり、公正であり、かつ、透明性のある態様で取扱われなければならない。（「適法性、公正性及び透明性」）など」、取扱いの適法性、同意の要件、情報社会サービスとの関係において子どもの同意に適用される要件、特別な種類の個人データの取扱い、有罪判決および犯罪と関連する個人データの取扱い、識別を要しない取扱いについて定めている。

（c）データ主体の権利

　データ主体の権利については、**図5.2** に示すように5つで構成されている。

①　透明性および手順

　データ主体の権利行使のための透明性のある情報提供、連絡および書式を定

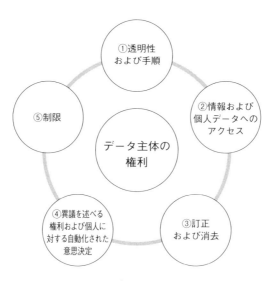

図 5.2　データ主体の権利

めている。

②　情報および個人データへのアクセス

データ主体から個人データが取得される場合において提供される情報、個人データがデータ主体から取得されたものではない場合において提供される情報、データ主体によるアクセスの権利について定めている。

③　訂正および消去

訂正の権利、消去の権利(「忘れられる権利」)、取扱いの制限の権利、個人データの訂正もしくは消去または取扱いの制限に関する通知義務、データポータビリティの権利について定められている。この中で、忘れられる権利は、本人情報を消去して、社会に知られないようにする権利のことであり、デジタル社会において重要な意味をもつ。

④　異議を述べる権利および個人に対する自動化された意思決定

異議を述べる権利、プロファイリングを含む個人に対する自動化された意思決定について定められている。

⑤　制　　限

基本的な権利および自由の本質的部分を尊重するものであり、かつ、民主主義社会において必要かつ比例的な措置である場合(国家安全保障、防衛、公共の安全など)には、法律の条項範囲内で、立法措置によって、義務および権利の適用範囲を制限できるとしている。

(4) 管理者および処理者

企業で個人データを取り扱う管理者や処理者について、定めたものである(図 5.3)。

①　一般的な義務

管理者の責任、データ保護バイデザインおよびデータ保護バイデフォルト、共同管理者、EU 域内に拠点のない管理者または処理者の代理人、処理者、管理者または処理者の権限の下における取扱い、取扱活動の記録、監督機関との協力について定めている。

5

GDPRの概要

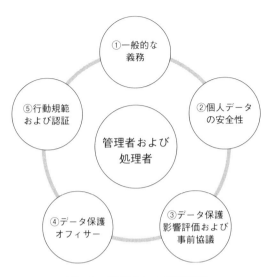

図 5.3　管理者および処理者

　この中で、データ保護バイデザインとデータ保護バイデフォルトという考え方が重要である。管理者は、この規則の要件に適合するように、取扱いの方法を決めるときに、その仕組みの中にデータ保護を実装しなければならないという考え方である。

② 　個人データの安全性

　取扱いの安全性、監督機関に対する個人データ侵害の通知、データ主体に対する個人データ侵害の連絡について定めている。特に、取扱いの安全性について十分理解しておく必要がある。ここでは、リスク評価にもとづいて、一定レベルの安全性を確保することが求められている。具体的には、個人データの仮名化・暗号化、取扱いシステムおよび取扱いサービスの現在の機密性、完全性、可用性および回復性を確保する能力、物的または技術的なインシデントが発生した際、適時な態様で、個人データの可用性およびそれに対するアクセスを復旧する能力、取扱いの安全性を確保するための技術上および組織上の措置の有効性の定期的なテスト、評価および評定のための手順が求められている。

③ **データ保護影響評価および事前協議**

データ保護影響評価（Data protection impact assessment）、事前協議について定めている。データ保護影響評価は、日本ではPIA（プライバシー影響調査）と呼ばれているものである。

④ **データ保護オフィサー**

データ保護オフィサーの指名、データ保護オフィサーの地位、データ保護オフィサーの職務について定めている。企業では、データ保護オフィサーを設置しなければならないということであり、日本における個人情報保護責任者に相当する。

⑤ **行動規範および認証**

行動規範の作成を奨励すること、承認された行動規範を監視すること、データ保護認証方法、データ保護シールおよびデータ保護マークを設けることの奨励（認証）、認証機関について定めている。日本におけるプライバシーマーク制度がこれに相当する。

(5) 第三国または国際機関への個人データの移転

個人データの移転に関する一般原則、十分性認定（十分なデータ保護の水準を確保していると欧州委員会が決定した場合）にもとづく移転、適切な保護措置に従った移転、拘束的企業準則、EU法によって認められない移転または開示、特定の状況における例外、個人データ保護のための国際協力について定めている。

(6) 独立監督機関

「各加盟国は、取扱いと関連する自然人の基本的な権利及び自由を保護し、かつ、EU域内における個人データの自由な流れを促進するため、本規則の適用を監視する職責を負う若しくは複数の独立の公的機関を定めなければならない（「監督機関」）」（GDPR第51条）とし、独立性、監督機関のメンバーに関する一般的条件、監督機関の設置規定、職務権限、職務および権限、職務権限、主

監督機関の職務権限、職務、権限、活動報告書について定めている。

(7) 協力と一貫性

協力(主監督機関とその他関係監督機関との間の協力、共助、監督機関の共同作業)、一貫性(一貫性メカニズム、欧州データ保護会議の意見、欧州データ保護会議による対立の解決、緊急の手続、情報交換)、欧州データ保護会議(欧州データ保護会議、独立性、欧州データ保護会議の職務、報告書、手続、議長、議長の職務、事務局、機密性)について定めている。

(8) 救済、法的責任および制裁

監督機関に異議を申立てる権利、監督機関を相手方とする効果的な司法救済の権利、管理者または処理者を相手方とする効果的な司法救済の権利、データ主体の代理人、訴訟手続の停止、賠償の権利および法的責任、制裁金を科すための一般的要件、制裁について定めている。

(9) 特定の取扱いの状況と関係する条項

取扱いと表現の自由および情報伝達の自由、公文書の取扱いおよび公衆のアクセス、国民識別番号の取扱い、雇用の過程における取扱い、公共の利益における保管の目的、科学調査もしくは歴史調査の目的または統計の目的のための取扱いと関連する保護措置および特例、守秘義務、教会および宗教団体の既存のデータ保護規則について定めている。

(10) 委任される行為および実装行為

委任される行為の執行、委員会の手続について定めている。

(11) 最 終 規 定

指令 95/46/EC の廃止、指令 2002/58/EC との関係、既に締結された協定との関係、欧州委員会の報告書、データ保護に関する EU の他の法的行為の見直

し、発効及び適用について定めている。

（12）市民にとっての利点

GDPRは、EU市民にとって、次のようなメリットがある*。具体的には、個人データを制御する手段の提供として、次の方法で対処するとしている。

①　忘れられる権利

本人がもう自分のデータを処理されることを望まず、それを保持する正当な根拠がない場合、データは削除される。これは、個人のプライバシーの保護であり、過去の出来事の消去や、報道の自由の制限にはあたらない。

②　データへのアクセスの容易性

本人がデータの処理方法についてより情報を持ち、明確に、わかりやすい方法でその情報を入手可能になっているべきである。データポータビリティの権利は、本人がサービスプロバイダー間で個人データを送付しやすくするものである。

③　個人のデータがハッキングされたときに知る権利

企業・組織等は本人にリスクが及ぶデータ違反について国の監督機関への届出が義務づけられ、また、利用者が適切な措置を講じられるよう、できるだけ早くすべての高リスクの違反をデータ対象者へ通知する必要がある。

④　データ保護バイデザインおよびデータ保護バイデフォルト

「データ保護バイデザイン」および「データ保護バイデフォルト」は今やEUにおけるデータ保護規則の基本的要素である。例えばソーシャルネットワークやモバイルアプリのように、開発の初期段階からデータ保護手段が製品やサービスに組み込まれ、プライバシーを侵害しない初期設定が基準となっていくだろう。

---

*出典：European Commission － Fact Sheet(欧州委員会－概況報告)、「Questions and Answers － Data protection reform package(データ保護改革包括案に関する質疑応答)」、Brussels、24 May 2017

5.2　日本企業に及ぼす影響

(1)　罰　　則

企業は、GDPR には、次のような罰則があるので、注意が必要である。

GDPR（一般データ保護規則）は、「EU 基本権憲章」という EU 法体系の根幹をなす法において保障されている、個人データの保護に対する権利という基本的人権の保護を目的とした法律である。GDPR は、基本的人権という「EU 基本権憲章」上の重要な価値を保障するため、違反に対して厳しい行政罰を定めている。

また、GDPR 違反の場合の制裁金の上限額には 2 通りの類型があり、事業者以外の政府機関や事業者団体も GDPR の対象となる。

- ①　1,000 万ユーロ以下、または事業者の場合には前会計年度の全世界年間売上高の 2％以下のいずれか高いほう：管理者および処理者の義務などに関する違反行為
- ②　2,000 万ユーロ以下、または事業者の場合には前会計年度の全世界年間売上高の 4％以下のいずれか高いほう：取扱いの基本原則やデータ主体の権利、データ移転などに関する事項

(2)　補完的ルール

GDPR については、個人情報保護委員会が、「個人情報の保護に関する法律に係る EU 及び英国域内から十分性認定により移転を受けた個人データの取扱いに関する補完的ルール」を定めている。これにおいて、次のようなルールを定めている[*]。

- 「個人情報保護委員会は、日 EU 間で相互の円滑な個人データ移転を図るため、法第 24 条（筆者注：2021 年改正で第 28 条）に基づき、個人の権利利益を保護する上で我が国と同等の水準にあると認められる個人情報

---

[*]出典：https://www.ppc.go.jp/files/pdf/Supplementary_Rules.pdf

の保護に関する制度を有している外国として EU を指定し、これにあわ
せて、欧州委員会は、GDPR 第 45 条に基づき、日本が個人データにつ
いて十分な保護水準を確保していると決定した。」

- 「EU 域内から十分性認定により移転を受けた個人データの取扱いにつ
  いて、個人の権利利益のより高い水準の保護を規定した補完的ルールを
  策定することにより、より厳しい規律を策定する権限を有している。」

- 「EU 又は英国域内から十分性認定に基づき提供を受けた個人データに、
  GDPR 及び英国 GDPR それぞれにおいて特別な種類の個人データと定
  義されている性生活、性的指向又は労働組合に関する情報が含まれる場
  合には、個人情報取扱事業者は、当該情報について法第 2 条第 3 項にお
  ける要配慮個人情報と同様に取り扱うこととする。」

- 「個人情報取扱事業者が、EU 又は英国域内から十分性認定に基づき提供
  を受けた個人データについては、消去することとしている期間にかかわら
  ず、法第 2 条第 7 項(筆者注：2021 年改正で第 16 条)における保有個人デー
  タとして取り扱うこととする。」

- 「個人情報取扱事業者は、EU 又は英国域内から十分性認定に基づき提
  供を受けた個人データを外国にある第三者へ提供するに当たっては、法
  第 24 条(筆者注：2021 年改正で第 28 条)に従い、次の①から③までのい
  ずれかに該当する場合を除き、本人が同意に係る判断を行うために必要
  な移転先の状況についての情報を提供した上で、あらかじめ外国にある
  第三者への個人データの提供を認める旨の本人の同意を得ることとす
  る。」

- 「EU 域内又は英国から十分性認定に基づき提供を受けた個人情報につ
  いては、個人情報取扱事業者が、加工方法等情報(匿名加工情報の作成
  に用いた個人情報から削除した記述等及び個人識別符号並びに法第 36
  条第 1 項(筆者注：2021 年改正で第 43 条第 1 項)の規定により行った加工
  の方法に関する情報(その情報を用いて当該個人情報を復元することが
  できるものに限る。)をいう。)を削除することにより、匿名化された個人

5
GDPRの概要

111

を再識別することを何人にとっても不可能とした場合に限り、法第 2 条
第 9 項(筆者注：2021 年改正で第 2 条第 5 項)に定める匿名加工情報とみな
すこととする。」

第6章
個人情報に関わる
インシデント

6.1　インシデントとは

　システム障害などのことは、インシデントと呼ばれることが多いが、インシデント（incident）は、事件・出来事という意味で用いられる。個人情報に関わる事件や事故についても、インシデントと呼ばれる。

　個人情報に関わるインシデントには、個人情報の漏洩、不正利用、システム障害などがある（**図6.1**）。企業では、このようなインシデントの発生を未然に防止することが求められるが、インシデントの発生を防ぐことは難しい。そこで、インシデントが発生した場合の対応が重要になる。

　インシデントの発生を早期に発見し、それに対する対応を行うとともに、発生原因を究明し、再発防止策を講じることも重要である。このようにインシデントを管理することを、インシデント管理と呼んでいる。企業には、個人情報保護のインシデント管理の仕組みを整備し、運用することが求められるが、その際に参考になるのがインシデント事例である。インシデント事例には、社内の事例だけでなく、社外の事例もあるので、社内外のインシデント事例を幅広く収集して、自社のインシデント管理の参考にするとよい。

　さらに、インシデント事例は、個人情報保護に関わるコントロール（管理策）

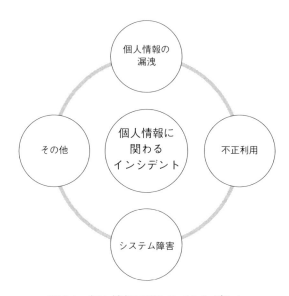

図 6.1　個人情報に関わるインシデント

を整備するときの参考になる。個人情報の漏洩や不正利用などの手口は、日々
新しいものが発生しているので、個人情報保護に関わるコントロールもインシ
デント事例を参考にして、最新のものにする必要がある。

6.2　インシデントからの学び方

　インシデントを研究して自社の個人情報保護水準の向上につなげるためには
どのようにすればよいのだろうか。例えば、以下のような視点で事例を分析す
るとよい。

（1）全体像から問題点を分析
　例えば、個人情報の漏洩事件があった場合には、**図 6.2** に示すように個人情
報の取得から始まって、データの入力、個人情報データベースのアクセス管理、
個人情報の利用、第三者提供、最後は個人情報の廃棄に至るまでの個人情報の

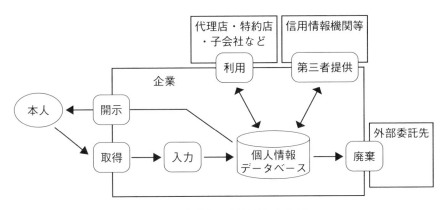

図 6.2　全体像から問題点を分析

ライフサイクルの全体像の中の、どの部分に問題があったのかを考えるとよい。また、個人情報に関わる者が、企業内の者なのか、代理店・特約店・子会社、外部委託先の者なのか、管理体制や管理方法に問題がなかったのか、などを分析することが大切である。

(2) プロセスの視点から問題点を分析

　次のアプローチは、インシデント発生までのプロセスのどこに問題点があったのかを分析する方法である。例えば、マルウェアに感染して個人情報が漏洩した事件を考える場合には、**図 6.3** に示すような視点から分析するとよい。この例では、マルウェアに感染した添付ファイルがメールで送信されてきて、マルウェア対策ソフトを通過し、受信した者がうっかり開封して、マルウェアに感染し、最後は外部サーバーに送信されて情報漏洩になったケースである。吹き出しに、問題点を示したので、参照されたい。このようにプロセス全体を俯瞰して、どこに問題点があったのかを分析する方法も有効である。また、その結果考えた改善策(新たな情報セキュリティ対策)を経営者や関係者に対して体系的に説明しやすいので便利である。

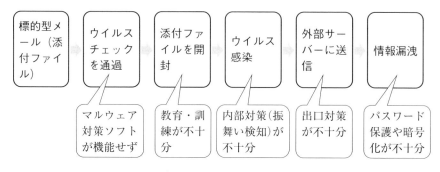

図6.3　プロセスの視点から問題点を分析

(3) 予防・発見・復旧対策の視点から問題点を分析

　個人情報保護法では、組織的安全管理措置、人的安全管理措置、物理的安全管理措置、技術的安全管理措置に分けて安全管理措置の内容を説明しているが、これ以外にインシデントの発生を時系列で捉えて、つまりインシデントの予防、インシデントの発見、インシデントの復旧という視点から問題点を分析することができる。つまり、予防・発見・復旧対策について、問題点がなかったかどうかを分析する方法である。例えば、次のように検討するとよい。

　① 　予防対策

　会社側の監督・指導が不足していなかったか、外部委託先での教育・管理が不十分ではなかったか、情報セキュリティ対策ソフトのバージョンや設定などに不備がなかったか、スマートフォンの持込み禁止などの対策が不十分ではなかったか、というようにインシデントの発生を未然に防止する対策が十分だったかどうかを分析する。

　② 　発見対策

　ログの取得が適切に行われていたか、また取得したログの分析が適切に行われていたか、単独の作業(不正を犯しやすい環境)になっていなかったか、などのインシデントの発生を発見する対策が十分だったかどうかを分析する。

　③ 　復旧対策

　情報漏洩では情報の回収が困難なので、本人への連絡、関係機関への連絡、

二次被害の防止などが適切に行われていたかどうかを分析する。

(4) 物理的・論理的・管理的対策の視点から問題点を分析

問題点を物理的・論理的・管理的対策について、問題点がなかったかどうかを分析する方法である。例えば、次のように検討するとよい。

① 物理的対策

キャビネットの施錠管理が適切に行われていたか、構内への第三者の侵入を防ぐための塀は適切だったか、セキュリティ区域内へのスマートフォンなどの持込みが禁止されていたか、などについて分析する。

② 論理的対策（技術的対策）

情報セキュリティ対策ソフトが有効に機能していたか、入退管理システムや監視システムが有効に機能していたか、などについて分析する。

③ 管理的対策

従業員の教育が適切に行われていたか、管理者によるチェックが行われていたか、外部委託先の管理が不十分ではなかったか、個人情報の取得が適切な方法で行われていたか、などについて分析する。

(5) 複層的に問題点を分析

サイバー攻撃の場合には、さまざまな情報セキュリティ対策を複層的に講じる必要がある。そこで、インシデントの問題点を次のような視点から分析する方法もある（図6.4）。

① 入口対策

ファイアウォール、WAF（Web Application Firewall：Webアプリケーションの脆弱性を突いた攻撃への対策）、IDS（Intrusion Detection System：侵入検知システム）、IPS（Intrusion Prevention System：不正侵入防止装置）、マルウェア対策ソフトなどの導入、不審なメールに関する教育などについて分析する。

② 出口対策

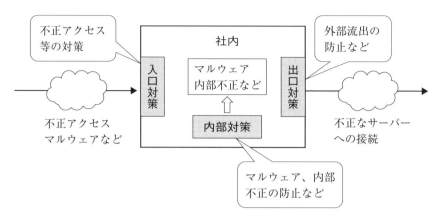

図 6.4　複層的な対策

外部サーバーへの不正な接続の遮断する対策が講じられているか分析する。

③　内部対策

サーバーの暗号化、パスワード保護、システム管理者に対するモニタリング、定期的なウイルスチェック（ゼロデイ攻撃対応）、振る舞い検知などの仕組みが講じられているかなどについて分析する。

6.3　機密性に関わるインシデント

（1）従業員によるもの

従業員によるインシデントには、表 6.1 に示すような事例がある。従業員によるインシデントは、故意と過失の場合があるが、ここで示している事例は、故意による事例である。アクセス権限のある従業員による個人情報への不正なアクセスは、業務目的で行っているアクセスなのか、業務目的外で行っているか判断しにくい。

従業員による不正を防止するためには、倫理教育の徹底、アクセスできる範囲を可能な限り限定すること、アクセス状況のモニタリング、監視カメラの設置、複数者による業務遂行（相互監視）、管理者によるチェックなどの対策が考

表 6.1　機密性に関わるインシデント事例（従業員）

項番	内容	備考
1	病院職員が電子カルテの個人情報を業務目的以外で閲覧した。	2020 年 2 月 8 日 朝日新聞（朝刊）
2	警視庁情報処理課の男性主事が、新型コロナウィルス対策で実施されている運転免許証の有効期限延長に関するデータ約 26 万人分を不正に削除したり、捜査情報を無断で閲覧したりしていた。	2021 年 9 月 3 日 朝日新聞（朝刊）
3	総合病院が、16 日に心臓血管外科で手術を受けた患者述べ 333 人の個人情報を記録した USB メモリーを紛失したと発表した。5 日に執刀医が症例をまとめようとバッグに入れて帰宅、作業をしようとしたらなくなっていた。連休明けの 9 日に病院側に届出た。	2018 年 1 月 17 日 朝日新聞（朝刊）
4	工作機械大手の子会社の営業担当者が、2017 年 7 ～ 8 月に会社の事務所で社内ネットワークにアクセスし、顧客約 300 社に納入された機械に関する情報等を印刷し、不正に得たとして、不正競争防止法違反で逮捕された。容疑者は、同業他社への転職を控えていたとのこと。	2018 年 1 月 30 日 日本経済新聞（朝刊）
5	事業承継の交渉中の相手企業から預かった顧客情報を無断で複製したとして、ジャスダック上場の OA 機器販売会社の取締役と社員を不正競争防止法違反（営業秘密の領得）の疑いで書類送検した。顧客情報を印刷した書類を預かり、電子データ化して複製した。	2019 年 3 月 26 日 日本経済新聞（夕刊）

えられる。業務目的外での個人情報へのアクセスの機会を可能な限り削減することがポイントである。

(2) システムの不備（バグ）

システムの欠陥によって個人情報の機密性が阻害された事例としては、顧客約 1 万 3,000 人に他人の利用明細を誤って記載した請求書を送付してしまった事件がある。この原因は、プログラムミスや印刷ミスにチェック漏れが重なったことだと考えられている。このようなシステムの不備は、情報システムの拡充改善を実施した際に発生することが多い。情報システムに新たな機能を追加

する場合には、プログラムを修正したことによるシステムへの影響範囲を分析し、十分なテストを実施して、システムの不備が発生しないように業務を行うことである。

個人情報保護責任者や担当者は、情報システムに関する知識を十分に有していることが少なくないので、IT部門と連携を図ってシステムの不備がないようにしなければならない。

（3）外部委託先によるもの

外部委託先による個人情報の機密性が阻害された事例としては、**表6.2** に示すようなものがある。項番1の事例は、IT関係業務の再委託先の従業員（システム管理者）が、スマートフォンをネットワークに接続した事件であり、当時社会的に話題になった事例である。権限（システム管理者）があり、技術のある者が不正を行おうとするとそれを防ぐことが難しい。この事件を契機にして、システム管理者のアクセスログを監視するシステムを導入したり、監視カメラを導入したりする企業が少なくなかった。また、ネットワークへの接続制限や、スマートフォンの持込み禁止の徹底などの対策を講じる企業も多かった。

項番2の事例は、データ入力の委託先が、勝手に再委託して問題になった事例である。委託先の管理だけでなく、再委託先の管理の重要性が問われた事件といえる。個人情報保護法や番号法で再委託先の管理が強調されているのは、このような事例が発生するリスクが大きいからである。個人情報に関わるデータの入出力を委託する場合には、委託先はもとより再委託先に対しても立入り監査を実施、個人情報の管理状況を報告などの監理を行うことが重要である。特に立入り監査は、委託先に対して個人情報保護に関心をもっていることをアピールする良い機会である。

項番3は、廃棄した情報機器などの管理が適切に行われていなかったために発生した事例である。自社の情報機器などが最終処分されるまでにどのような管理がされているのかについても関心をもって、外部委託先を管理しなければならないということである。

表 6.2 機密性に関わるインシデント事例（外部委託先）

項番	内容	備考
1	教育事業を営む企業の再委託先の元社員が、担当業務のために付与されていたアクセス権限を使って、顧客情報が保存されたデータベースにアクセスし、不正に顧客情報を社外に持ち出し、名簿事業者に売却した。スマートフォンをネットワークに接続し、データベースから顧客情報をダウンロードしていた。当該社員の業務は、システム管理業務であった。また、当該顧客情報は、別の企業が名簿業者から購入してダイレクトメールに利用していた。このダイレクトメールが契機となって事件が明らかになった。	2014 年 7 月 12 日 朝日新聞（朝刊）
2	日本年金機構がデータ入力を委託した事業者が、契約に反して中国の関連会社に再委託し、個人情報の一部が流出した。同機構では、計画書に記載されていた業務体制が確保されているか事前に確認しなかった。	2018 年 3 月 21 日 朝日新聞（朝刊）
3	某県庁から大量の行政情報が蓄積されたハードディスクドライブ（HDD）の廃棄を委託した企業従業員が、外部に持ち出してネットオークションで販売した。社内調査の結果、HDD3904 個、SSD1224 個、USB メモリー 742 個、SD カード類 558 個、スマートフォンやタブレット端末 94 個の流出が判明した。	2019 年 12 月 10 日 日本経済新聞（朝刊）
4	あるメーカーの会計システム更新プロジェクトに携わっていた中国の再委託先の社員が、取引先情報など約 7 万件を不正に取得していた。中国法人の社員が情報を外部クラウドサービスの個人アカウントに送信していた。再委託先の社内監視システムで不正を検出し発覚したそうである。	2021 年 8 月 6 日 朝日新聞（朝刊）

6

個人情報に関わるインシデント

　項番 4 は、開発における委託先管理である。自社の情報が勝手に外部に持ち出されないように委託先を監督・指導することが重要である。システム開発等の業務を委託する際には、その執務環境を事前にチェックし、適切な情報セキュリティ対策が講じられているかどうか確かめる必要がある。例えば、現地（開発場所）の確認や、ISO 27001 などの認証取得の確認などの対策を講じるとよい。

(4) 不正アクセス

　自社の情報システムに対して、外部から不正アクセスが行われる事例が少なくない。適切な不正アクセス対策を講じていない場合には、外部から自社の情報システムに侵入されて、個人情報が漏洩する可能性があるので、注意が必要である。

　不正アクセスの事例としては、表 6.3 に示すようなものがある。情報セキュリティポリシーや規程の定めに従わずに、SNS にアクセスしてコンピュータウイルスに感染して情報漏洩につながった事例(項番 1)、コンサル会社の情報セキュリティ対策に不備があり、コンサル会社から自社の情報が漏洩した事例(項番 2)がある。項番 3 および項番 4 は、ネット通販サイトへの不正アクセスであり、ネット通販事業を行っている会社ではどこでも発生する可能性がある。項番 5 は、IT 子会社に対する不正アクセスである。親会社の立場から見ると、子会社の情報セキュリティ対策が有効であり確実に実施されているかどうかをチェックする必要があることを示した事例といえる。項番 6 は、フリーマーケットを運営する企業における事例であるが、不正アクセスがビジネスの基盤を揺るがすことにつながることを考えて、適切な不正アクセス対策を講じることの重要性を示した事例といえる。

　不正アクセスは、日々新たな攻撃が行われているので、その対策も適時に見直して強化し続けることが重要である。

(5) 操 作 ミ ス

　情報漏洩で多い事例は、従事者による操作ミスである。表 6.4 に示した事例は、BCC でメール送信すべきところを CC で送信してしまうというケアレスミスである。ケアレスミスはどこの企業でも発生する可能性が高いリスクなので、従事者に周知・徹底する必要がある。また、このようなケアレスミスを防止するための情報セキュリティ対策ソフトも提供されている。具体的には、送信ボタンをクリックしてから、一定時間経過後に相手にメールが送信される機能をもつ情報セキュリティ対策ソフトである。技術的対策と管理的対策を組み合わせて個人情報保護対策を整備・運用する必要がある。

表6.3 機密性に関わるインシデント事例(不正アクセス)

項番	内容	備考
1	大手メーカーの社内ネットワークが外部からの攻撃を受けて、複数の従業員の氏名やメールアドレスなどの個人情報やサーバーの設定情報が流出したと発表した。4月末在宅勤務中の従業員が、業務用パソコンを経由せずにSNSを利用し、コンピュータウイルスに感染。5月初旬にこのパソコンを社内ネットーワークに接続したため情報流出につながった。	2020年8月8日 朝日新聞(朝刊)
2	自治体向けコンサル会社のサーバーがコンピュータウイルス(ランサムウェア)に感染し、保存していた200を超える取引先自治体の個人情報が流出した可能性があることがわかった。中央省庁も含まれている。	2021年4月2日 日本経済新聞(朝刊)
3	ネット通販サイトに対して不正アクセスが行われた。不正なログインが確認できた客のアカウント数は46万1,091件、住所やメールアドレスのほか、クレジットカード情報の一部も流出した可能性がある。	2019年5月15日 朝日新聞(朝刊)
4	家電量販店の通販サイトに対して不正アクセスを受け、最大3万7,832件の個人情報が流出した可能性があると発表した。クレジットカード情報が流出したとみられ、一部で不正利用されたおそれがある。カード番号と有効期限、セキュリティコードが漏れ、不正利用の可能性も確認された。情報漏洩は4月16日に判明し、第三者機関による調査を実施した。	2019年5月30日 日本経済新聞(朝刊)
5	IT子会社が、外部からの不正アクセスによって最大で89千件の顧客情報が流出したと発表した。クレジットカード情報、住所、氏名、電話番号などが漏れた可能性がある。1月上旬にサーバーの異常検知システムが作動し、外部からの不正アクセスが発覚した。	2018年1月27日 朝日新聞(朝刊)
6	フリーマーケットアプリ会社において、最大で2万9,396件の個人情報が流出。利用者の住所、氏名、メールアドレスが第三者に表示されたおそれがある。個人は特定されないが、約5万4千人分のポイントや売上金等の情報も第三者が閲覧できた可能性がある。22日のサーバー切替作業終了後、一部の利用者のページに他人の情報が表示された。	2017年6月24日 朝日新聞(朝刊)

6

個人情報に関わるインシデント

表 6.4　機密性に関わるインシデント事例（操作ミス）

項番	内容	備考
1	ある自治体では、地域ポイントサービス事業に関するメールを送る際に、他の受信者のアドレスがわかる状態で送信した。メールは 2 度にわたって計 191 件が送信された。	2021 年 2 月 9 日 朝日新聞（朝刊）
2	ある大学で、入学予定の学生 135 人分の氏名、性別、出身校などが流出した。メールで送信する際に宛先を誤送信したことが原因である。	2021 年 4 月 1 日 朝日新聞（朝刊）
3	不祥事で懲戒処分などを受けた教職員 1,538 人分の個人情報を、職員が市町村教育委員会や学校など 314 箇所に誤送信した。不祥事防止の研修資料を送付した際に、処分を受けた教職員らの氏名、年齢、不祥事の概要など記載した一覧表を閲覧できる形で添付した。受け取った校長から指摘された発覚した。	2018 年 1 月 12 日 朝日新聞（朝刊）

6.4　可用性に関わるインシデント

(1) システム障害

可用性を阻害する事例として、典型的なものは、システム障害である（**表 6.5**）。可用性を確保する対策として、バックアップはあるが、バックアップがうまく機能しなかった事例が**表 6.5** の項番 1 の事例である。バックアップ用機器のテストは、システム開発時に十分に行う必要がある。また、システム変更作業に伴って機器やシステムの設定変更を行うことがあるが、それに失敗した事例が項番 2 の事例である。システム障害を低減するためには、変更管理を確実に実施する必要がある。

自社のシステムではなく、第三者サービスに起因するシステム障害の事例もある（項番 3 および項番 4）。最近のシステム開発では、クラウドサービスを含めて第三者サービスを利用することが広く行われている。第三者サービスを利用する際には、当該サービスのセキュリティ機能や情報セキュリティ対策の状況を十分に評価した上で利用するとともに、第三者サービス利用開始後も当該

表 6.5　可用性に関わるインシデント事例（システム障害による事例）

項番	内容	備考
1	東京証券取引所のシステム障害によって、株式等の金融商品の売買が終日できなくなった。午前7時4分に相場情報を伝えるシステムの一部装置で故障が発生した。2つある装置の1つが故障し、バックアップ用の2台目への切り替えも上手くいかなかった。	2020年10月2日 日本経済新聞（朝刊）
2	ある証券会社のネット売買サービスがシステム障害で、サービスが停止した。影響を受けた顧客からの注文は約1万件、そのうち約1,200件は約定する可能性の高い注文だったそうである。サーバーの更新作業での設定ミスが原因であった。	2018年6月28日 日本経済新聞（朝刊）
3	複数の金融機関のインターネットバンキングでシステム障害が発生した。パスワードの認証作業でエラーが発生し、約4時間にわたって一部の振込処理ができない状態が続いた。個人認証の安全強化のために導入したシステムの不具合が原因であった。	2018年6月28日 日本経済新聞（朝刊）
4	クラウドサービスで障害が発生し、日本国内の航空会社やネット証券のサービスに支障が出た。ネットワークの中枢で複数の機器が故障したことが原因で、午前7時半頃から午後1時40分頃まで障害が続いた。	2021年9月3日 朝日新聞（朝刊）

サービスの状況をモニタリングすることが重要である。

(2) マルウェア（コンピュータウイルス）

　マルウェアによって、情報システムが利用できない事例が多発している（表6.6）。項番1は、病院がランサムウェア（身代金要求型ウイルス）に感染して情報システムが利用できなくなった事例である。項番2、項番3および項番4は、標的型攻撃による事例である。標的型攻撃では、特定の部署や人物に対して攻撃が行われるので、うっかり添付ファイルを開いてしまいマルウェアに感染する可能性が高い。

　マルウェアに対する対策としては、マルウェア対策ソフトの導入、標的型攻撃に備えた教育や訓練の実施といった対策を講じる必要がある。

表 6.6　可用性に関わるインシデント事例 (マルウェア)

項番	内容	備考
1	チェコ第 2 の都市のブルノにある大学病院が 3 月 13 日朝、パソコンの画面に脅迫文が表示され、院内のシステムが使用不能になった。内部データを暗号化し、解除のための金銭を要求するランサムウェアによる攻撃だった。	2020 年 9 月 3 日 日本経済新聞 (朝刊)
2	インターネット旅行会社が標的型攻撃に遭い、最大で約 793 万人分の個人情報が流出した可能性がある。	2016 年 6 月 14 日公表
3	東京商工会議所で事務局員が使用しているパソコンが、標的型メール攻撃を受け、ウイルスに感染。セミナー参加者名簿など 12,139 件の個人情報が漏洩した可能性がある。JPCERT コーディネーションセンターから 5 月 11 日に不審な通信があるとの連絡を受けて発覚した。国際部に所属する職員がメールに添付されたファイルを開封し、パソコンが感染。ファイル共有サーバーのデータが漏洩した。ファイルは、パスワード保護していなかった。	2015 年 6 月 10 日公表
4	ある大学に対して外部機関から、マルウェアに感染し特定サーバーへのアクセスが確認されたとの連絡があり、調査の結果、マルウェアに感染していることが判明した。同大学に送付された医療費通知を装う「標的型メール」の添付ファイルを開封し、当該職員が使用していた事務用パソコンがマルウェアに感染した。そのパソコンを経由して、管理用パスワードが窃取され、他の事務用パソコン数台にマルウェアが感染した。	2015 年 6 月 23 日 朝日新聞 (朝刊)

(3) 書類の紛失

書類の紛失は、書類を利用する必要があるときに利用できないという事態になるので、これも可用性を阻害するリスクとして考える必要がある (表 6.7)。項番 1 の事例は、個人情報ではないが、書類の授受に関わる事例として、企業にとって参考になる。個人情報の授受においても、授受の記録を残して書類の紛失を防止するようにしなければならない。

表 6.7　可用性に関わるインシデント事例（書類の紛失）

項番	内容	備考
1	原子力規制委員会は、原子力発電所のテロ対策施設に関する機密性の高い文書を紛失していたことを明らかにした。担当職員が審査を担当する別の部門から、テロ対策施設の航空機衝突に関する資料の写しを借りた後、そのまま返さずに廃棄した可能性がある。この職員には資料を閲覧する権限はなかった。	2021 年 9 月 2 日朝日新聞（朝刊）
2	東京労働局国が廃棄しないように定めるアスベスト関連文書計 2,140 件を誤って廃棄した。8 月に情報公開請求があり、発覚した。アスベスト関連文書を他の文書と区別して保管することが徹底されていなかった。	2015 年 9 月 3 日日本経済新聞（朝刊）

6.5　インテグリティに関わるインシデント

（1）プログラムミス

　プログラムミスによってインテグリティを阻害する事例もある（表 6.8）。情報システムでは大量の個人情報が処理され、商品やサービスの受注、配送、請求などが行われたり、保守サービスに用いられたりする。プログラムミスは、このような処理が正確に行われない可能性につながるので、インテグリティを確保する上で特に注意が必要である。また、インテグリティが確保されないことによって、本人にとって大きな迷惑をかけることになる。

　項番 1 は、返済状況について誤った情報を提供し、その結果ローン契約に支障が生じた事例である。項番 2 は、受験生の合否判定に関わる事例であり、プログラムミスが本人の将来に大きな影響を及ぼす可能性のあった事例である。項番 3 は、誤って請求書を送付した事例であり、項番 4 は、臓器移植に関わる事例である。

　このようにプログラムミスは、個人情報のインテグリティに確保に大きな影響を及ぼすことになる。企業では、十分なシステムテストを行うことが求められる。なお、システム開発では、システムの品質確保の一つであり、システム

表 6.8　インテグリティに関わるインシデント事例（プログラムミス）

項番	内容	備考
1	日本学生支援機構が、奨学金の返済状況について誤った情報を全国銀行個人信用情報センターに提供（632人）。26人のローン契約に支障が発生。プログラムミスが原因であった。	2015年9月18日公表
2	大学センター試験を巡って合否判定システムが約4万8千人について判定を誤り、実際より厳しい評価をしていたことがわかった。合否判定システムは、受験者が科目別に自己採点の結果を入力すると、国公立大学や私立大学の合格見込みがわかる。受験生からの指摘によって気づいて修正し、正しい結果を本人に伝えた。	2018年1月19日朝日新聞（朝刊）
3	市営幼稚園4園が無償化していた授業料53件、計52万円を誤って保護者に請求した。前年9月末のデータが消されずに残っていたことが原因であった。	2020年10月2日朝日新聞（朝刊）
4	日本臓器移植ネットワークの患者選定システムにバグがあり、脳死で心臓移植を受ける患者の選定に誤りがあった。初歩的なプログラムミスが原因であり、システム稼働前後のチェックも甘かった。	2017年1月28日朝日新聞（朝刊）
5	年金定期便について、別人の記録を最大で8千件送付した。表面の宛名と裏面の年金記録が機械の不具合でずれたことが原因であった。	2015年11月20日公表

開発プロジェクトやシステム変更作業においては、テスト漏れがないように留意しなければならない。

　なお、項番5は、機械の不具合が原因とされた事例であり、プログラムミスが絡んでいるのかどうかは不明であるが事例として追加した。このようなミスに備えて、帳票の印刷状況を確認するなどの対策を講じる必要がある。

第7章
個人情報保護と
リスクマネジメント

7.1　個人情報保護マネジメント

(1) リスクマネジメントにもとづく対策

　本書でいう個人情報保護リスクは、個人情報を適切に保護できない可能性のことであり、個人情報保護を適切に行うためには、個人情報保護リスクに対するマネジメントシステムを構築・維持することが必要になる。

　個人情報保護については、第3章で述べたように「個人情報保護委員会の個人情報の保護に関する法律についてのガイドライン（通則編）」に示されている事項を参照しながら個人情報保護対策を講じる方法がある。しかし、ガイドラインベースの個人情報保護対策では、ガイドラインに示されている対策が、自社の置かれた状況に合わないことがある。そこで、個人情報保護リスクに焦点を当てて、自社にどのようなリスクがあるのか、そのリスクの大きさはどうかといったことを分析しながら対策を講じたほうが、リスクの大きさに応じた個人情報保護対策を講じることができる（図7.1）。

(2) 個人情報保護リスクの枠組み

　個人情報保護マネジメントは、図7.2 に示すようなフレームワークで考える

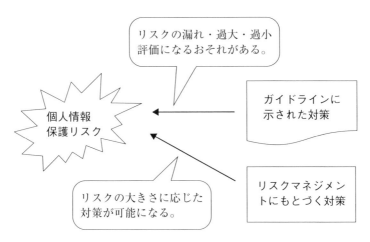

図 7.1　ガイドラインベースの対策とリスクマネジメントベースの対策

とよい。有効かつ効率的な情報セキュリティ対策を講じるためには、プライバシーポリシーを基本的な考え方として、個人情報保護リスクに対して適切な情報セキュリティ対策を講じなければならない。また、プライバシーポリシーに従って情報セキュリティ対策を適切に運用しなければ、情報セキュリティ対策上の不備(セキュリティホール)が生じることになる。つまり、**図 7.2** に示すような個人情報保護リスクの総合的なマネジメントを考慮したうえで、具体的な情報セキュリティ対策を講じなければならない。

(3)　プライバシーポリシー

(a)　プライバシーポリシーの役割

　プライバシーポリシーは、個人情報に対する企業の基本方針を定めたものであり、外部向けに公表しているものが多い。しかし、プライバシーポリシーは、社内に対して個人情報保護に関する基本方針を明確にするという意義もある。

　プライバシーポリシーには、次のような事項が定められる。

①　個人情報保護に対する基本的な考え方

「当社は、顧客の個人情報を適切に保護して取り扱う」、「当社は個人情報保

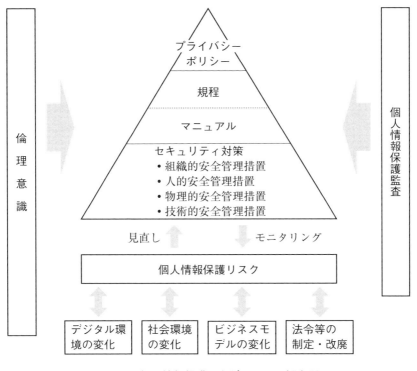

図 7.2　個人情報保護マネジメントの概念図

護ガイドラインに従って適切に保護する」などの企業の個人情報保護に対する
基本的な考え方を示す。

　② **個人情報の取得**

　「個人情報の取得は、適正な方法で行う」、「本人の同意を得て取得する」と
いう個人情報の取得時の考え方を示す。

　③ **個人情報の利用および提供**

　「個人情報の利用および提供は、収集目的の範囲内で行う」などの個人情報
の利用および第三者への提供に関する考え方を示す。

　④ **個人情報の適正管理**

　「個人情報の漏洩、破壊、改ざんなどが起こらないように安全対策を講じる」

7
個人情報保護とリスクマネジメント

などの個人情報を適正に管理するための考え方を示す。

⑤　教　　育

「従業員教育を定期的に行う」、「従業員にプライバシーポリシーやマニュアルなどを周知・徹底する」などの個人情報保護の教育に関する考え方や取組み方を示す。

⑥　監　　査

「個人情報が適切に取り扱われるように監査を実施する」などと示す。監査について定めている企業は、必ずしも多くはないが、重要な事項である。

⑦　組織・体制など

「個人情報の責任者は、○○です」、「問合せ先は、○○です」のように責任者などを明確にする。社外向けのプライバシーポリシーでは、問合せ先が明確になるようにするとよい。一方、社内向けの場合には、具体的な体制を示すとよい。

（b）プライバシーポリシーと情報セキュリティポリシーの関係

プライバシーポリシーと情報セキュリティポリシーは、非常に密接な関係にあり、企業の情報セキュリティに関する基本方針である。情報セキュリティポリシーとは、基本方針書とスタンダード（規程など）から構成される。基本方針書とは、情報セキュリティに関する基本的な考え方を示したものであるが、これをベースに具体的な取扱いを定めたものが、スタンダードである。情報セキュリティポリシーの構造は、例えば、**図7.3**に示すとおりである。この例では、スタンダードをまとめたものとして情報セキュリティ規程としている。情報セキュリティ規程には、電子情報管理規程、個人情報管理規程などの各規程がある（情報セキュリティ規程として一つにまとめてもよい）。**図7.3**では、スタンダードの各規程を、情報、ネットワークに関するものに整理して示している。

プライバシーポリシーは、情報セキュリティポリシーに含まれるものと位置づけることもできるが、プライバシーポリシーを独立したものとして作成し、公表する必要がある。いずれにしても、個人情報保護は情報セキュリティと密

出典) 島田裕次・榎木千昭・満塩尚史：『ネットビジネスのセキュリティ』、日科技連出版社、2000 年、p.87 を一部修正

図7.3 情報セキュリティポリシーの構造

接に関連しているので、プライバシーポリシー、規程・マニュアルなどを作成・改訂する場合には、情報セキュリティポリシーとの関係を十分考慮しなければならない。

(4) 規程・マニュアルなど

プライバシーポリシーを受けて作成されるものが、個人情報に関する取扱規程やマニュアルである。規程やマニュアルには、具体的にどのように個人情報を取り扱わなければならないかを定める。また、個人情報を保護するための安全管理措置(組織的安全管理措置、人的安全管理措置、物理的安全管理措置、技術的安全管理措置)などを定める。

ところで、情報セキュリティでは、物理的対策、論理的対策(技術的対策)、管理的対策に区分して対策を講じることが少なくない。安全管理措置と用語が異なるのでわかりにくいが、それらの関係は**図7.4**に示すとおりである。

規程・マニュアルでは、具体的な考え方、方法、手順などを定める。例えば、タブレット端末や記録媒体を放置しないで施錠保管するなどの機器の取扱いや、

7

個人情報保護とリスクマネジメント

133

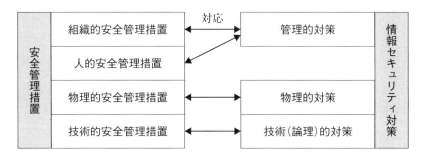

図 7.4　安全管理措置と情報セキュリティ対策の対応関係

サーバーの設置場所、ファイアウォールの設定ルールなどを定める。管理者が
どのようなチェックをしなければならないかといった管理的対策についても、
その具体的な責務・権限などを規程・マニュアルなどで定める。

　つまり、規程やマニュアルは、プライバシーポリシーにもとづいて、具体的
な情報セキュリティ対策を講じる場合の具体的な考え方、手順、取扱方法など
を定めたものといえる。しかし、プライバシーポリシーを作成すれば、直ちに
個人情報のセキュリティ対策が講じられるというわけではない。プライバシー
ポリシーに従って、具体的な対策を講じることが重要である。

(5) 情報セキュリティ対策

　個人情報保護に関わる対策の理解をさらに深めるために、ここでは視点を変
えて情報セキュリティ対策の視点から整理して説明する。

(a) 物理的対策

コンピュータ機器、ネットワーク設備、媒体などに関する対策であり、盗難、
紛失、破壊などの個人情報保護リスクを低減するための対策である。契約書の
ように個人情報が記載された文書をキャビネットに施錠保管し、盗難・紛失の
リスクを低減する対策が物理的対策である。

（b）論理（技術）的対策

　個人情報の漏洩、破壊、改ざんなどのリスクに対して、情報システムの機能を利用して対応する対策である。例えば、アクセスコントロール機能（ソフトウェア）を利用した対策、個人情報データベースのバックアップ、マルウェア対策ソフト、IDS（Intrusion Detection System：侵入検知システム）、IPS（Intrusion Prevention System：侵入防止システム）などさまざまな情報セキュリティ製品がある。

（c）管理的対策

　組織・体制を利用して、個人情報の不適切な取得、目的外利用、個人情報の漏洩などのリスクを低減する対策である。主として、管理者による個人情報の利用状況のチェック、コンプライアンス委員会などによる個人情報の利用に関する事前検討（目的外利用に該当しないかなどのチェック）、個人情報取扱者に対する個人情報保護教育の実施などがある。管理的対策には、従業員に関する対策も含まれるので、個人情報保護法の人的安全管理措置も管理的対策に含まれる。

　なお、物理的対策、論理的対策を確実に実施するためには、それらの対策を実施する人間が重要になる。個人情報が記載された書類をキャビネット施錠保管したり、情報セキュリティ対策ソフトを運用したりするのも人間なので、管理的対策は、個人情報保護対策の基礎となる重要な対策である（**図7.5**）。

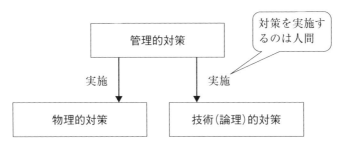

図7.5　情報セキュリティ対策の関係

7

個人情報保護とリスクマネジメント

(6) 個人情報保護監査

個人情報保護対策(安全管理措置)が確実に実施されているかどうかを、担当部署ではなく、担当部署から独立した立場の者(内部監査人または外部監査人)が点検・評価し、問題点があれば指摘・改善提案を行い改善を促すことが重要である(図7.6)。つまり、個人情報に関する情報セキュリティ対策が有効に講じられ、適切に機能しているかどうかを監査するのが個人情報保護監査である。プライバシーポリシー、規程・マニュアルなどに準拠して個人情報が取り扱われているか(準拠性監査)について、点検・評価する。個人情報保護監査は、内部監査部門や外部監査人によって、定期的に実施する必要がある。

(7) 個人情報保護リスクのモニタリング

プライバシーポリシーは、個人情報保護リスクを分析・評価し、個人情報保護リスクを低減すること、個人情報保護に関する法令・ガイドラインを遵守することを目的として策定される。しかし、個人情報保護リスクは、環境の変化とともにリスクの種類、リスクの大きさ、リスクの発生頻度などが大きく変化するおそれがある。したがって、常に個人情報保護リスクの変化をモニタリングして、その結果をプライバシーポリシー、規程・マニュアルおよび情報セキ

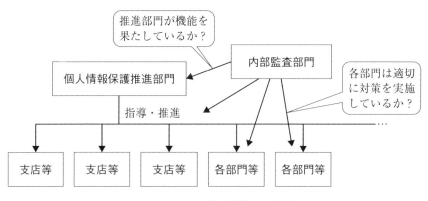

図7.6　個人情報保護監査の役割

ュリティ対策の見直しにつなげなければならない。

(8) 倫理意識

個人情報保護は、本人の権利保護とビジネスでの個人情報の活用という相反する側面をもつ。本人から見れば個人情報は保護すべき情報であるが、企業側から見れば個人情報は活用を図るべきものである。個人情報保護は、本人の権利を保護するとともに、その活用を図り社会の健全な発展に寄与しようとするものである。その妥協点であり均衡点が、個人情報保護法やガイドラインといえる。このような法令・ガイドラインに従って個人情報を取り扱おうとする基礎にあるものが、倫理意識である。

倫理意識は、法令・ガイドラインに定められた事柄だけを遵守すればよいというものではない。ビジネス活動においては、法令・ガイドラインなどに定められていない個人情報に関する事柄が発生することが少なくない。こうした場合には、法令・ガイドラインなどの考え方にもとづいて、どうすべきかを判断することが求められる。このような判断を行うのも、倫理意識と考えることができる。

7.2 プライバシーポリシーなどの策定

(1) プライバシーポリシー

個人情報保護に関する法令・ガイドラインなどの把握、および自社が取り扱う個人情報を把握した後に、個人情報保護に対する企業の基本方針（プライバシーポリシー）を策定する。プライバシーポリシーの策定は、情報セキュリティポリシーの策定と同様のステップで行うとよい。プライバシーポリシーの策定では、次の事項が重要である。

① **トップマネジメントが方針を明確にする**

個人情報保護は、ある意味では、事業活動に制約が課せられるので、業務効率の低下や、面倒なことも覚悟しなければならない。したがって、さまざまな

部門、管理者、担当者などから反発を受けることも少なくない。そこで、トップマネジメントの明確な意思表示によって、プライバシーポリシーを策定したほうが、企業内の反発を抑えて、個人情報保護を適切に行いやすい。

　②　**全社的なコンセンサス・理解が得られるように配慮する**

　個人情報保護は、各人の意識がなければ適切に行うことはできない。例えば、顧客と接するのは第一線の営業現場で働く従業員であり、電話での応対や電子メールでのやり取りを行うのも従業員である。情報システム部門の従業員も個人情報に接する機会が多い。さらに、パート、アルバイト、派遣社員なども個人情報を取り扱うことが少なくない。したがって、個人情報を取り扱う者全員を含めた意識づけが不可欠になる。

　③　**法令・ガイドラインに沿った内容にする**

　個人情報保護は、企業にとってさまざまな制約がある。したがって、企業の論理や都合で個人情報の取扱いを決めてしまうと、法令・ガイドラインとは異なる内容になるおそれがある。この点に留意しないと、せっかく作成したプライバシーポリシーなどが不適切な内容であったり、不十分な内容になったりする。

（2）個人情報管理規程および個人情報取扱マニュアルの作成

　プライバシーポリシーを策定したら、これにもとづいて個人情報保護規程を作成する。個人情報保護規程は、個人情報保護法や個人情報保護ガイドライン、JIS Q 15001などを参考にして、個人情報保護に関する基本的な取扱いを定めるとよい。プライバシーポリシーは、個人情報取扱事業者の個人情報保護に関する基本的な考え方や方針を定めたものであり、それを詳しく説明した規程が必要になる。

　個人情報保護規程は、個人情報取扱事業者における個人情報保護に関する全般的な基本事項を定めているものであり、個人情報を取り扱う者が具体的にどのような取扱いをすればよいのかがわかりにくい。そこで、営業部門、製造部門、物流部門、情報システム部門などの担当者がどのように個人情報を取り扱

えばよいのかを定めたマニュアルが必要になる。

　わかりやすい個人情報保護マニュアルを作成するためには、次のような点に注意するとよい。

① 実際の業務に適合した構成にする。
② 平易な表現で簡潔にまとめる。
③ 必要性を理解させる。
④ 実際の業務で何をすればよいのかを明記する。
⑤ 守るべき事項はシンプルにまとめる。
⑥ プライバシーポリシーや個人情報保護規程を自社に都合の良いように解釈しない(社会的な視点をもつこと)。

7.3　個人情報保護リスクの分析・評価

　企業において個人情報に関する情報セキュリティ対策を検討する場合には、まず、個人情報保護リスクを分析・評価する必要がある。個人情報保護リスクの分析・評価は、**図7.7** に示すような手順で実施するとよい。

(1) 取り扱っている個人情報の把握

　個人情報保護の対策を検討する際には、まず、自社がどのような個人情報を取得・保管・利用・提供などを行っているかを把握しなければならない(**図7.8**)。保護すべき対象の個人情報がわからなければ、適切な保護対策を講じることができないからである。個人情報を把握する場合には、個人情報を、例えば氏名、住所、電話番号というように狭い意味で捉えるのではなく、顧客番号、地図、建物図面、GPS情報、受発信記録、乗降記録、クッキー(Cookie*)、画像、録音、など幅広く捉える必要がある。狭い意味で個人情報を捉えると、情

＊ Webブラウザを通じて、アクセスしてきた相手のパソコンにデータを書き込んで保存させる仕組み。

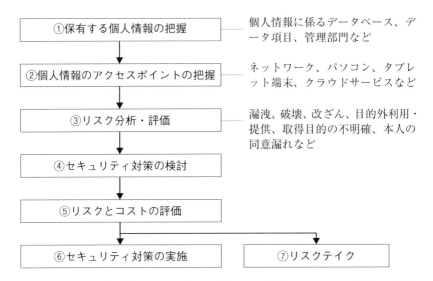

図7.7　個人情報保護リスクの分析・評価および情報セキュリティ対策の手順

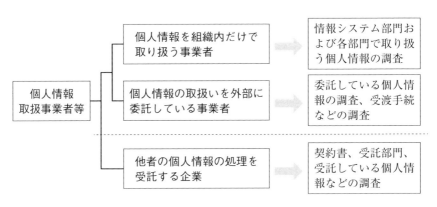

図7.8　個人情報の把握方法

報漏洩、不正アクセスなどの問題への対処に不備が生じ、大きな問題につながる可能性があるからである。

　なお、個人情報には、例えば、次のような情報が含まれることに注意する必要がある。

① **個人顧客の情報**

住所、氏名、購入履歴、顧客番号、電話番号、銀行口座、信用情報など個人顧客に関する情報、クッキー（Cookie）、GPS 情報など

② **個人営業の取引先の情報**

法人情報は個人情報の対象外であるが、個人事業者の場合には個人情報に該当する場合がある。

③ **取引先の従業員の情報**

氏名、メールアドレス、電話番号（携帯電話番号を含む）など

④ **アンケート応募者の情報**

Web を利用したアンケート調査、電子メール、DM などによるアンケート調査などで取得した個人情報

⑤ **株主情報**

株主名簿に記載された個人株主の情報

⑥ **従業員などの情報**

従業員データベースの情報（住所、氏名、扶養家族などのほか、給与・賞与などの情報も含む）、従業員名簿、役員、パート、アルバイトなどの情報

⑦ **採用関係情報**

従業員の採用に応募した者の氏名、住所、経歴などに関する情報。応募した事実そのものも含む。

⑧ **モニターなどの情報**

商品やサービスのモニターに応募した者の個人情報

これらの情報は、企業が取得、利用・提供、保管、廃棄する個人情報であるが、このほかに、個人情報を預かりそれに関わる処理を行う企業がある。このような場合には、どのような種類の情報を取り扱っているかを把握する必要がある。具体的な情報の種類、取扱い上の留意点などについては、受託契約によって定められているので、契約書などを参考にして状況を把握するとよい。

(2) 保有する個人情報の把握

個人情報保護の対象となる個人情報にはどのようなものがあるかを把握しなければ、適切な情報セキュリティ対策を講じることはできない。保有する個人情報を把握するためには、次のような視点から取りまとめる必要がある。

① 業務システムや業務ごとにどのような個人情報を取得（入力）しているか。

② 個人情報を収録したデータベースにはどのようなものがあるか。

③ 個人情報にはどのような項目があるのか。

④ 保有する期間は一時的か、一定期間以上保有するのか。

なお、情報システム部門以外の部門が独自に個人情報を取得している場合があるので、これらの部門を含めて全社的に調査する必要がある。保有する個人情報は、表7.1に示すような様式で整理するとよい。

(3) 個人情報のアクセスポイントの把握

保有する個人情報の調査にあたっては、利用箇所も把握することが大切である。利用箇所とは、個人情報に対するアクセスポイントのことである。アクセスポイントが増えれば、個人情報に対する不正アクセスや個人情報の漏洩など

表7.1　保有する個人情報の整理例

システム名	データベース名称	管理部門	主要収録項目	利用箇所
顧客管理システム	顧客データベース	システム部	氏名、住所、電話番号、メールアドレス、…	本社、営業所
人事システム	社員マスター	システム部	氏名、社員番号、家族構成、給与、…	本社、各事業所
営業支援システム	営業折衝データベース	営業部	氏名、住所、訪問記録、…	社外（タブレット端末）
○○ホームページ	顧客意見データベース	広報部	氏名、メールアドレス、…	広報部
部門独自システム	株主データベース	総務部	氏名、住所、株式数、…	総務部

のリスクも増大する。例えば、顧客情報に対するアクセスが社内に設置された端末に限定されている場合には、社外の者による個人情報に対するアクセスが行われる可能性は低い。しかし、インターネット経由で利用できる Web システムの場合には、従業員のユーザー ID やパスワードが第三者に漏洩したときに、顧客情報が漏洩してしまうことになる。スマートフォンやタブレット端末を利用している場合には、モバイル端末が紛失・盗難した場合に、収録してある個人情報が漏洩するリスクが高くなる。

　したがって、情報セキュリティ対策を検討する場合には、個人情報にアクセスできる箇所数や、アクセスポイントの面としての広がりを把握することが重要になる。また、セキュリティ投資には制約があるので、セキュリティ投資をどのような個人情報保護リスクの低減に投入するのかを判断する際の判断基準になる。

7.4　個人情報に関わるリスク（個人情報保護リスク）評価

　個人情報マネジメントを適切に行うためには、個人情報保護リスクを適切に把握し、リスクの大きさを評価しなければならない。個人情報保護リスクの評価は、次に述べるリスク分類にもとづいて、アクセスポイントの箇所数と広がり、リスクの発生確率、リスクが発生したときの損失の大きさなどを総合的に検討して評価する必要がある。

　ところで、一般的に、リスク評価は、次の算式によって求められる。

リスクの大きさ　＝　損失の大きさ　×　発生確率

　個人情報保護リスクの評価も、この算式にもとづいて行うとよい。損失の大きさの算出は難しいが、自治体での個人情報流出事件における損害賠償額（1人当たり 10,000 円＋訴訟費用 5,000 円）を参考にして算出することもできる。

(1) 個人情報のライフサイクルにもとづくリスクの整理

リスク評価の対象となるリスクには、次のように個人情報のライフサイクルに沿って整理することができる。

①　個人情報の取得に関するリスク

個人情報を取得する際に情報主体に対して取得目的を通知しないリスク、情報主体の同意を得ないリスクなどがある。これらのリスクは、企業にとって苦情や訴訟の原因や、社会的な信用の失墜につながる。

②　個人情報の利用・提供に関するリスク

個人情報の取扱者が、個人情報を目的外に利用するリスク、個人情報の管理部門の相談を得ないで勝手に第三者に情報を提供してしまうリスクなどがある。こうしたリスクは、企業にとって苦情や訴訟の原因となったり、社会的な信用を失墜したりすることになる。

③　個人情報の適正保管に関するリスク

個人情報の漏洩、破壊、改ざんなどのリスクである。インターネット経由の不正アクセスによるもの、アクセス権限のない内部者の不正アクセスによるもの、アクセス権限のある内部者によるもの、システム変更時のミスによって第三者に対して流出するものなどがある。また、不正アクセスのように故意によるものと、システム運用管理上のミスのような過失によるものとに分けられる。

④　個人情報の廃棄に関するリスク

不要となった個人情報を廃棄する場合に、廃棄場所への輸送途中で個人情報が紛失したり、第三者に情報が漏洩したりすることがある。また、保管しなければならない書類を誤って廃棄してしまう事例があるので、個人情報を確実に廃棄することも忘れてはならない。

(2) 全体像の把握

個人情報保護リスクを評価する場合には、まず、個人情報の取扱いの全体像（図 7.9）を明らかにすることが前提になる。全体像からリスクを把握しようとしないで、個人情報保護のある部分だけに焦点を当ててリスク評価を行うと、

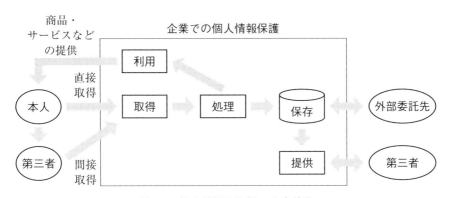

図 7.9　個人情報の取扱いの全体像

大事なリスクを見落とすことにつながりかねない。全体像を考えて、体系的、網羅的にリスク評価することがポイントである。

（3）個人情報保護リスクの洗い出し方法

個人情報保護リスクは、例えば、以下に述べるように、インシデントから考える方法、個人情報のライフサイクルから考える方法、個人情報のアクセスポイント、法令・ガイドラインから考える方法がある（**図 7.10**）。

個人情報を洗い出したら、洗い出した個人情報について、どのようなリスクがあるのかを検討する。個人情報保護におけるリスクには、例えば、次のようなリスクが考えられる。

- 個人情報の不適切な取得
- 個人情報の不適切な利用
- 個人情報の不適切な第三者提供
- 個人情報の漏洩
- 個人情報の誤廃棄

（a）インシデント（事件・事故）から洗い出す方法

個人情報に関わるさまざまなインシデント（事件・事故）を参考にして考える

7

個人情報保護とリスクマネジメント

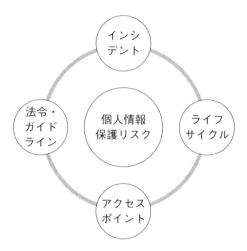

図 7.10　個人情報保護リスクの洗い出し方法

方法がある。しかし、このようなアプローチでリスクを洗い出すと、リスクを網羅的に把握することが難しいので、リスクの把握漏れが生じるおそれがある。

なお、インシデント事例については、**第 6 章**を参照されたい。

（b）ライフサイクルから洗い出す方法

個人情報に関わるライフサイクル（業務フロー）に沿ってリスクを洗い出す方法がある。つまり、個人情報の取得から廃棄までのライフサイクルから、個人情報についてどのようなリスクがあるのかを洗い出す方法である（**図 7.11**）。

例えば、販売業務プロセスを考えてみると、まず、顧客から個人情報を取得する時点から、最後に個人情報を廃棄する時点までの一連のプロセスを把握する。次に、個人情報の取得するときに情報の記入ミスが発生するリスク、個人情報が記載された書類を紛失してしまうリスク、業務に関係のない者が顧客の情報を閲覧してしまうリスク、などを販売業務プロセスのどこにどのような個人情報保護に関わるリスクがあるかどうかを洗い出す。このような手順で個人情報保護に関わるリスクを洗い出せば、リスクの全体像を把握しやすい。

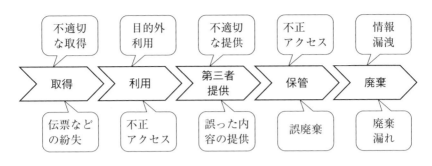

図 7.11　ライフサイクルから見たリスク

（c）個人情報のアクセスポイントから洗い出す方法

　個人情報保護に関わるリスクは、当然のことながら個人情報が存在している場所に存在する。リスクの洗い出しでは、個人情報がどこにどのように利用・保管されているか把握することが重要である。例えば、次のような個人情報へのアクセスポイントを考えるとよい。

- 情報機器(サーバー、パソコンなど)
- キャビネット、倉庫など
- 外部委託先
- クラウドサービス

（d）法令・ガイドラインでの要求事項に沿って洗い出す方法

　個人情報保護に関わるリスクのオーソドックスな洗い出し方法は、個人情報保護法、番号法の要求事項について、それを遵守しているかどうかをチェックする方法である。個人情報保護法や番号法では、具体的な内容がわかりにくいので、実務上は、個人情報保護やマイナンバーに関するガイドラインを参照してリスクを洗い出すことになる。

　そこで、個人情報やマイナンバーの管理部門は、法令やガイドラインを十分に理解しておく必要がある。

7

個人情報保護とリスクマネジメント

7.5　個人情報保護リスクの対応策

個人情報保護法およびガイドラインで求められる安全管理措置は、基本的に、機密性、可用性、インテグリティ（正確性）に関わる対策が中心であるが、特に個人情報の不正利用、目的外利用に注意する必要がある。

個人情報保護リスクへの対応策は、図 7.12 に示すように、時間軸と方法の種類のマトリックスで考えると、有効な対策を講じることができる。

（1）時間軸から見た分類

リスク対策は、時間軸（リスクの発生前、発生時、発生後）の視点から、予防対策、発見対策、回復（復旧）対策に整理することができる。

予防対策は、リスクの発生を未然に防止したり、発生した場合の損失を低減したりするための対策のことである。例えば、顧客情報システムへのアクセスを管理するためにユーザー ID、パスワード、生体認証などの仕組みを導入したり、本人認証をより確実に行うための多段階認証などの仕組みを取り入れたりする対策である。個人情報が記載された書類をキャビネットに施錠保管する対策も予防対策の一つである。

発見対策は、顧客管理システムへの不正アクセスが行われた場合にそれを検知するセキュリティソフトや、個人情報が記載された書類の定期的な棚卸などの対策である。

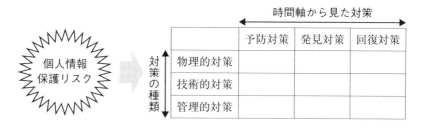

図 7.12　リスク対策のマトリックス

回復(復旧)対策は、顧客管理システムで障害が発生した場合に備えてバックアップを取得したり、バックアップ機器を設置したりして、万が一の場合にはそれを利用して復旧する対策のことである。

リスク対策は、このように時間軸から見て漏れがないように構築することが大切である。

(2) 対策の種類から見た分類

対策の種類から見た分類とは、その対策がどのような手段で行われているかの視点から分類したものである。具体的には、物理的対策、管理的対策、技術的(論理的)対策に整理できる。個人情報を取り扱うエリア(区画)を間仕切りで独立させたり、キャビネットに施錠保管したりする対策のことである。管理的対策は、管理者によるチェックや入力結果を別の担当者や管理者にチェックさせる対策(ダブルチェック)のことである。技術的対策は、情報セキュリティ対策ソフトの導入や情報機器の冗長化などの対策のことである。

(3) マトリックスによる対策の網羅性確保

リスク対策は、「時間軸」と「対策の種類」のマトリックスで考えるとよい。リスクおよびコントロールは、マトリックスで把握・評価すれば、バランスのとれた対策ができる。また、リスクの見落としやコントロール(管理策)の脆弱な部分を把握しやすく、業務改善に役立つ改善提言を行いやすい。前掲の図7.12では、3×3の9つのセルがあるが、すべてのセルに対策を講じるように努めれば、バランスのとれた対策を講じることができる。

(4) 個人情報保護ガイドラインに示された対策をチェック

個人情報保護ガイドラインの安全保護措置等で示されている対策について、講じられているかどうかをチェックする方法である。この方法だと、自社にとって重要性の低い対策についても講じてしまう可能性がある。そこで、安全管理措置がどのようなリスクを想定しているのかを十分に認識した上で、自社に

7

個人情報保護とリスクマネジメント

とってその対策が必要かどうかを考えるとよい。

(5) 自動化された対策の推進

リスク対策は、自動化された対策かマニュアル（手作業）による対策かという整理の方法がある。人間の目でチェックすると見落としが発生する可能性があるが、対策を自動化すれば見落とす可能性を低減することができる。そこで、個人情報保護対策を考える場合には、費用対効果を考えて、可能な限り自動化するとよい。

7.6　情報セキュリティ対策の構築

(1) 情報セキュリティ対策の検討

個人情報保護に関する情報セキュリティ対策は、個人情報保護リスクに対応して以下に示すようなものがある（図7.13）。

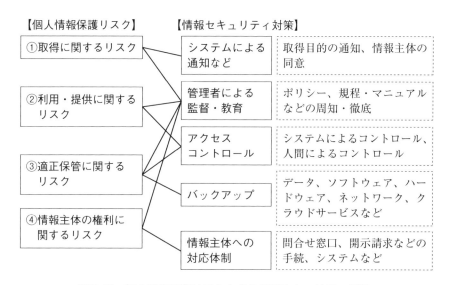

図7.13　個人情報保護リスクとその情報セキュリティ対策

①　個人情報の取得に関する対策

主として管理者の監督・指導によって、個人情報を適切に取得させることが中心となる。個人情報保護の取扱いに関する教育も重要である。この他に、ホームページや電子メールで取得目的を通知し本人の同意を得るなどの対策を講じる。

②　個人情報の利用・提供に関する対策

管理者の監督・指導によって取扱いを徹底させる対策、アクセスコントロールによって業務上必要性のない者によるアクセスを制限するなどの対策を講じる。

③　適正保管に関する対策

適正保管に関する対策としては、アクセスコントロールやバックアップなどの情報セキュリティ対策がある。情報セキュリティ対策は、前述のように物理的対策、論理的対策、管理的対策というように分類することができる。例えば、アクセスコントロールについて考えてみると、物理的対策には、個人情報データベースを保存したサーバーを他の部屋から独立した施錠できるエリア（区画）に設置する対策がある。論理的対策（システム的対策）には、アクセスコントロールソフトウェアなどによって個人情報データベースに対するアクセスを制限する対策がある。管理的対策には、管理者が個人情報取扱者に対してユーザーIDやパスワードを第三者に漏らさないように監督・指導する対策がある。

④　情報主体への対応策

顧客などの情報主体から、自己情報に関して開示請求があった場合に適切に対応できるように、問合せ対応窓口の設置、開示請求への対応手続の整備、個人情報の訂正・取消などへの対応手続の整備などの対策がある。

（2）リスクとセキュリティコストの評価

情報セキュリティ対策にはコストがかかるので、個人情報保護リスクの大きさと情報セキュリティ対策によるリスク低減効果を比較・検討して、最も効果の大きなものから情報セキュリティ対策を講じる。どのようなリスクに対して

どのような情報セキュリティ対策を講じるかについては、個人情報保護責任者など個人情報保護に関して責任と権限のある者が最終的に意思決定する。リスクと情報セキュリティ対策の評価は、定期的に行う必要がある。

　なお、個人情報保護法やガイドラインなどを遵守するための対策については、費用対効果の視点からだけで評価するのではなく、コンプライアンスの視点からも検討する必要がある。

（3）情報セキュリティ対策の実施

　情報セキュリティ対策が決定したら、速やかに当該対策を実施しなければならない。また、情報セキュリティ対策は、環境の変化によって見直しが必要になることにも注意しなければならない。例えば、システムやネットワークが変更された場合には、それに伴ってセキュリティ上の欠陥が生じないように対応する必要がある。また、新しいセキュリティホールが発見された場合には、その不備を改善するための対策を講じなければならない。

（4）リスクテイク（リスクの受容）

　実務的には、必ずしもすべての個人情報保護リスクに対して情報セキュリティ対策を講じる必要はない。リスクが発生してもそれによる損失が小さいものや、リスクの発生確率が低いものについては、リスクを受け入れて（リスクテイク）、リスクの未然防止やリスク低減のための情報セキュリティ対策を講じないことがある。このようなリスクテイクで注意しなければならないことは、受け入れたリスクのモニタリングとリスクが発生した場合の対応方法（発見対策、回復対策）を講じておくことである。このような対策がなければ、リスクの発生や変化を見過ごしたり、リスクが発生した場合にシステムやデータを復旧できずに、業務が混乱したりするおそれがあるからである。

7.7　個人情報保護リスクの管理体制

　個人情報保護リスクの管理体制は、企業の規模、組織体制などによって異なる。ただし、個人情報保護の最終的な管理者を明確にしておかなければならない。**図 7.14** に個人情報保護リスクの管理体制の例を示すので、参考にされたい。

①　個人情報保護最高責任者

　個人情報保護の最高責任者(Chief Privacy Officer：CPO)は、企業の役員を任命する必要がある。個人情報保護責任者は、全社の個人情報の取扱いに関する監督・指導の責任者だからである。

②　個人情報保護事務局(個人情報保護推進部門)

　個人情報保護管理者をサポートし、企業全体の個人情報保護の適切な運営を行う。情報主体からの開示請求、訂正・削除、利用・提供の拒否などの窓口機能をもたせてもよい。

③　個人情報保護管理者

　企業規模が大きくなると、個人情報保護管理者が企業内すべてについて監督し指導することは難しいので、事業所や部門ごとに個人情報保護に関する担当

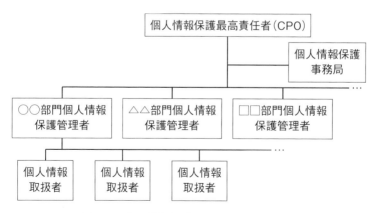

図 7.14　個人情報保護リスクの管理体制の例

者を設置するとよい。個人情報保護管理者は、情報主体からの開示請求、訂正・削除、利用・提供の拒否などに関する、事業所・部門における窓口機能ももつ。必要に応じて補佐役を設置してもよい。

④　個人情報取扱者

個人情報を取り扱う者が個人情報取扱者である。個人情報取扱者は、個人情報保護管理者および個人情報管理担当者の指示を受けて、プライバシーポリシー、個人情報保護規程、マニュアルなどに従って個人情報を取り扱わなければならない。

なお、個人情報取扱者は業務上個人情報を取り扱う必要がある者であり、当該企業の従業員すべてが個人情報取扱者となるわけではない。

7.8　個人情報の取扱いに関する教育

(1) 教育の対象者

個人情報の取扱いに関する教育は、個人情報を取り扱う者すべてを対象にして、定期的に実施する必要がある。また、教育の対象者は、当該企業の社員だけでなく、派遣社員や業務の委託先の取扱者なども対象にしなければならない（図7.15）。教育を受けていない者がいる場合には、その者たちが個人情報を不適切に取り扱い、問題が発生するリスクが大きくなるからである。

また、個人情報保護教育は、従事者個人に対して実施する方法と、部門を対象にして実施する方法がある（図7.16）。両方法の連携を図りながら教育の成果

図7.15　個人情報保護教育の対象者

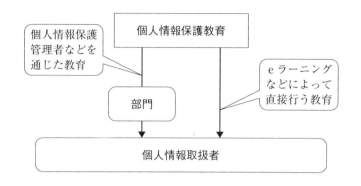

図 7.16　個人情報保護教育の方法

を挙げるようにするとよい。

(2) 個人情報保護教育の内容

個人情報保護教育で取り上げる項目には、次のものがある。

①　プライバシーポリシーの趣旨と内容

プライバシーポリシーを策定した経緯および内容について説明し、理解させる。特に、なぜ個人情報が必要なのか、個人情報を適切に取り扱わないとどのような問題が発生するのかなどを理解させるようにする。

②　個人情報保護規程およびマニュアルの内容

個人情報保護規程の位置付けや内容を説明する。個人情報保護規程やマニュアルの内容は広範囲にわたることがあり、自己の担当業務に直接関係しない事項も少なくないので、自分に関連する事項は何か、自分はどのように行動すればよいのかがわかるように教育しなければならない。例えば、顧客を訪問して営業活動を行う営業担当者が遵守すべき事項、店頭で顧客に対応する担当者が遵守すべき事項、電話受付担当者が遵守すべき事項、電子メールを受発信する場合に遵守すべき事項、各部門の管理者が遵守すべき事項についてインシデント事例を挙げて説明するとよい。また、規程を遵守しなかった場合の罰則についても説明し、個人情報の適切な取扱いの重要性、企業としての個人情報保護

7

個人情報保護とリスクマネジメント

に対する姿勢を個人情報取扱者に明確に示すことが大切である。

③　管理体制など

個人情報保護リスクの管理体制について説明するとともに、個人情報の取扱いに関してわからない場合の問合せ・相談先を周知する。個人情報の漏洩や目的外利用などの問題が発生した場合の連絡・報告手順についても周知しておかなければならない。さらに、顧客などの情報主体から開示請求、利用・提供の拒否の申し入れがあった場合の対応手順を明確にしておき、情報主体への対応が適切に行われるように教育する必要がある。

④　個人情報を巡るトラブル事例を利用した教育

個人情報保護に関して発生した実際の事例を紹介し、個人情報に関する問題が発生した場合に、会社の事業活動に与える影響の大きさを理解させるとよい。また、本人に対する処罰についても言及する。新聞や雑誌などで報道されたインシデント事例を取り上げたり、社内で実際に発生または発生しそうになった問題（失敗事例）を取り上げたりして解説するとよい。インシデント事例については、第6章を参照されたい。

(3) 教育のタイミング

個人情報保護教育は、図7.17のように構成される。個人情報保護教育は、少なくとも年1回定期的に実施する。新入社員の入社時教育、情報リテラシー

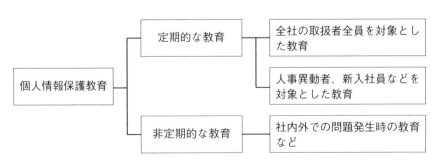

図 7.17　個人情報保護教育の体系

教育、人事異動者に対する教育などの機会にも併せて個人情報保護教育を実施するとよい。また、コンピュータシステムで個人情報が処理されることから、個人情報に関する教育がシステム部門に偏るおそれがあるが、個人情報に関する教育は、システム部門よりもむしろ個人情報の利用部門を重視して行う必要がある。教育が漏れなく行われるようにするために、受講ログを残したり、出席簿にサインさせるなどの方法をとると有効である。

なお、eラーニングで教育を実施している企業も多い。映像を見たり、テストを行ったりして、教育の実効性を高めるとよい。

7.9　個人情報保護マネジメントの監査（個人情報保護監査）

個人情報がプライバシーポリシー、規程・マニュアルに従って適切に取り扱われるようにするためには、教育だけでなくプライバシーポリシーの遵守状況をチェックする仕組みが必要である。個人情報取扱部門から独立した内部監査部門（または第三者）による個人情報保護監査を実施する必要がある。個人情報保護監査は、定期的に実施する必要がある。個人情報データベースに関するアクセスログの分析、不正アクセスに対するチェック状況の調査、個人情報の外部委託先の調査などによって、プライバシーポリシーに関する準拠性や個人情報の取扱いの適切性などについて監査する。業務監査、会計監査、システム監査などの定例の監査を実施するタイミングに併せて、個人情報保護監査を実施する方法もある。

（1）監査の実施主体

個人情報保護監査は、システム監査に関する専門知識・技術を有した者が担当する必要がある。例えば、システムに関する知識・技術が低い場合には、システム監査人を監査チームに含めたり、システム監査人が作成した監査手続書を利用したりして監査を実施する方法がある。

(2) 監 査 項 目

個人情報保護監査では、例えば、次のような監査項目を盛り込む必要がある。

① 　プライバシーポリシー、規程・マニュアルに関する教育の実施状況（実施回数、参加者、実施方法の適切性）

② 　情報機器、記録媒体などの管理状況（保存場所、現品チェックの適切性など）

③ 　パスワード管理の適切性（初期設定の変更、類推しやいパスワード利用の禁止など）

④ 　帳票等の施錠管理・廃棄などの適切性（裁断、立会いなどの実施状況）

⑤ 　利用目的の通知、本人同意の確認状況（担当業務によって内容が異なる）

⑥ 　Web サイトや店頭におけるプライバシーポリシーの公表

⑦ 　情報セキュリティ対策ソフト（マルウェア対策を含む）の運用管理の適切性

⑧ 　外部委託管理の適切性（契約の締結、外部委託先の従業員に対する教育の実施状況など）

(3) 監 査 対 象

　個人情報の取扱者すべてが監査対象となる。したがって、社内の各部門だけでなく、業務委託先なども含めて監査対象となる。ただし、業務委託先などの監査については、業務委託契約等で個人情報保護監査の実施について事前に取り決めておく必要がある。

(4) 監査の実施時期

　個人情報保護監査は、定期的に実施する。なお、個人情報の漏洩事件が発生したときなどは、臨時に監査を実施する場合がある。

(5) 監査の方法

　個人情報保護監査の方法には、個人情報の処理をしている情報システムへの

アクセス記録を調査する方法、サーバー、パソコン、タブレット端末、スマートフォンなど情報機器の取扱状況の視察、帳票の保管・廃棄方法のヒアリングおよび視察などの方法がある。

(6) 他の監査との連携

個人情報保護監査は、情報セキュリティ監査との関係が深いので、情報セキュリティ監査と合わせて実施すると効率的である。この他に、会計監査や業務監査で事業所などに往査した際に、併せて行う方法もある。企業の監査環境に合わせて対応する必要がある。

7.10　個人情報保護リスクマネジメントの継続

(1) 個人情報保護リスクのマネジメントサイクル

個人情報保護リスクを適切にマネジメントし、ビジネス活動を継続していくためには、**図 7.18** に示すようなマネジメントサイクルを運用することが必要である。個人情報保護リスクは、企業のビジネス活動によって、その種類・大きさなどが異なる。したがって、ビジネス活動を踏まえて個人情報保護リスクを分析・評価することが重要になる。リスク分析では、当該企業などにおけるIT 環境を適切に把握する必要がある。特に、IT 化の進展に伴って、個人情報に関するアクセスポイント、アクセスがどのように展開しているか、アクセスできる情報の内容、アクセスの方法などについて分析しなければならない。

次に、リスク分析の結果にもとづいて、プライバシーポリシーを策定する。プライバシーポリシーにもとづいて、具体的な情報セキュリティ対策が構築され、運用される。情報セキュリティ対策を的確に運用にするためには、個人情報の取扱者の意識が極めて重要である。CRM（顧客管理システム）などの個人情報を活用した IT の進展や外部委託の拡大に伴って、個人情報の取扱者が社内外へ拡大するので、個人情報の取扱者一人ひとりが個人情報保護に関する認識をもたなければ、個人情報を保護し、適切にビジネス活動に利用することは

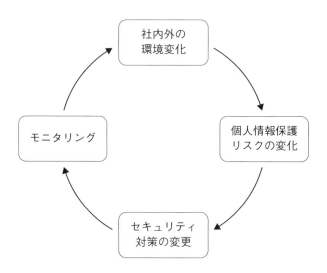

図7.18　個人情報保護リスクのマネジメントサイクル

できない。

(2) マネジメント継続の重要性

　個人情報保護に関するポリシー、規程・マニュアルなどが、IT 環境の変化、事業内容の変更、組織の改廃、人事異動などに応じて、定期的に見直し改訂することが重要である。例えば、新組織を設置する場合には、当該部門の個人情報担当者を任命するとともに、組織図の変更なども行う必要がある。また、情報処理の外部委託を導入したり、派遣社員を新たに受け入れて個人情報の取扱いの一部を任せたりするような場合には、規程・マニュアルの変更が必要になる。個人情報の取扱いに関する教育についても見直しが必要になる。このような個人情報に関するマネジメントシステムを、社内外の変化に応じて常に最新の状態に保持しておかなければ、適切な個人情報の取扱いを確保できない。また、新しいビジネスを開始するときにアプリケーションシステム（Web システムを含む）を新たに開発することがあるが、このような場合には、ポリシー、

規程・マニュアル、組織・体制などの変更の必要性について検討する必要がある。

デジタル人材育成の重要性

　デジタル社会において個人情報保護を適切に行うためには、デジタル技術に関する知識を身につける必要があり、企業では、経営者・従業員に対して基本的なデジタル知識に関する教育を行うことが喫緊の課題になっている。デジタル技術に関する知識がなければ、個人情報保護リスクに気づきにくいし、必要なコントロール（管理策）を講じることが難しいからである。デジタル人材の育成方法として、従業員に対して情報処理技術者試験「IT パスポート試験」を受験させる企業が増えている。デジタル技術の専門家の育成も重要だが、企業全体としてのデジタル知識の向上にも努めるとよい。

7

個人情報保護とリスクマネジメント

第8章
実務上の管理ポイント

8.1　外部委託先の管理

　個人情報に関わる業務を外部に委託すると、委託先が適切に管理しているだろうと考えてしまい、委託元としての管理が十分に行われないことがある。しかし、外部委託先から個人情報が漏洩する事例が少なくないので、業務を任せたままにせず、委託先での個人情報の管理状況をチェックすることを忘れてはならない。

　外部委託先の管理を行う場合には、はじめに、外部委託に伴って個人情報を適切に取り扱えないリスクがどこにあるかを考えることが大切である。リスクを把握できたら、そのリスクを低減するコントロール（管理策）を整備・運用するようにする。

　委託先におけるリスクは、外部委託先のライフサイクルから考えると、図8.1に示すように整理できる。

　また、組織が大きな企業の場合には、複数の部門から外部委託を行っていることがある。このようなケースでは、図8.2に示すようなリスクがある。外部委託管理では、委託関係をマクロの視点から捉える必要がある。どの部門がどの委託先に対して個人情報に関わる業務を委託しているのか、さらにどこに再委託しているのかを把握しなければ、自社が個人情報を適切に委託管理してい

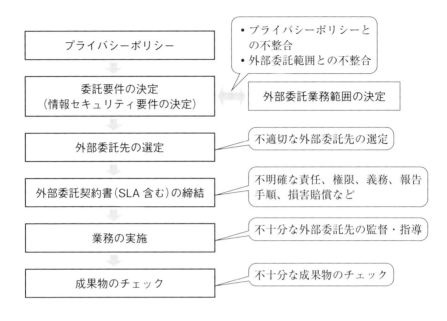

図 8.1　ライフサイクルから見た外部委託におけるリスク

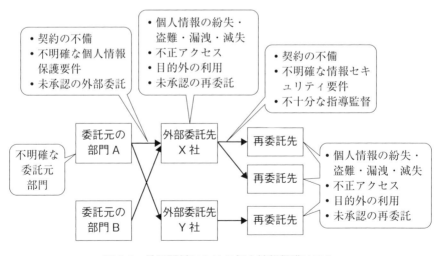

図 8.2　委託関係における個人情報保護リスク

るかどうかを把握できないからである。

外部委託先の管理のポイントは、次のように整理できる。

① 外部委託先の視察

どこでどのように個人情報が取り扱われ、セキュリティが確保されているか、可能な限り現地を視察する。

② 再委託先の調査

契約書のレビュー、関係者へのインタビューによって、実態を把握する。

③ プロセス全体のチェック

個人情報(情報機器を含む)が生成してから廃棄するまでのプロセスに沿って実態を把握する。

④ リモート保守のチェック

リモートで自社のネットワークにアクセスできる環境だと、情報漏洩や権限外のアクセスのリスクがある。

⑤ 業務効率の向上への貢献

外部委託することによって、業務効率が向上しているかどうか管理することも忘れてはならない。

なお、代理店や特約店においても自社の個人情報を取り扱っているので、外部委託と同様に個人情報の取扱状況をチェックすることを忘れてはならない。例えば、次のような点がポイントになる。

- 契約内容のチェック
- 現地の視察
- ログ分析(委託にあたって利用している委託元の情報システムのログ分析)
- 監視カメラのチェック
- 委託のチェック
- 契約終了時の扱い
- 業務効率の向上

8

実務上の管理ポイント

8.2　クラウドサービスの利用と管理

　クラウドサービスの利用が拡大しているが、それに伴って個人情報をクラウドサービス上で取り扱うことが少なくない。クラウドサービス上で個人情報を適切に取り扱うためには、クラウドサービスの情報セキュリティ対策の状況を評価してから利用することがポイントになる。

　クラウドサービスにおける個人情報保護リスクを考える場合には、クラウドサービスに関してどのようなリスクがあるのかを図にして把握するとよい（**図8.3**）。

　クラウドサービスに関わる個人情報保護リスクを把握した後に、**表8.1**に示す管理を行う必要がある。導入しているクラウドサービスの種類によって、提供するセキュリティ機能が異なるので、自社が利用しているクラウドサービスのセキュリティ機能を把握した上で管理するとよい。

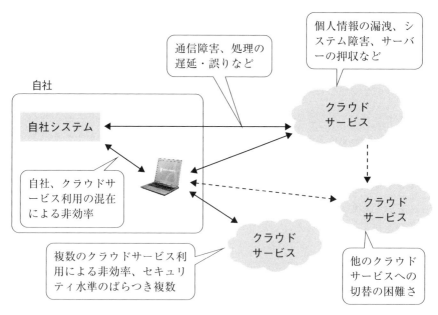

図8.3　クラウドサービスにおける個人情報保護リスク

表 8.1　クラウドサービスの管理ポイント

項目	管理ポイント
個人情報に関わるシステムでのクラウド利用方針が明確になっているか	・導入してよいサービスの明確化(例:個人情報に関わるシステムについてのクラウドサービスを導入可否) ・個人情報の利用目的の明確化(例:自社の競争優位の確保との関係) ・自社開発、パッケージ調達との比較基準(個人情報の保護の視点)
クラウド利用における個人情報保護リスクを分析したか	・リスクの網羅性 ・リスクの把握手順(誰が、いつ、どのようにして行ったのか?) ・リーガル部門やコンプライアンス推進部門の参画
リスク分析の結果、どのようなリスクを把握したか	・クラウドサービス自体に関するリスク ・クラウドサービスと自社システムとのインターフェースに関するリスク ・自社システムに及ぼすリスク
把握したリスクの大きさをどのように評価したか	・クラウドが利用できなくなった場合の個人情報に関わる社内業務や顧客への影響 ・世界各地で発生した障害などによるクラウドサービスへの影響 ・復旧までの手順の明確化(障害復旧目標時間を含む)
クラウドサービス・ベンダーの選定をどのように行ったか	・複数案(機能・価格・継続利用性、認証取得、個人情報保護体制など)の比較・検討 ・利用規約の確認 ・ベンダーの評価 ・提供機能とクラウド化する自社業務のF&G(フィットアンドギャップ)分析 ・自社業務プロセスの見直し
リスクへの対応策(コントロール)を検討したか	・リスクとコントロールの整合性 ・コントロールの費用対効果 ・暗号化ツールは何を利用しているか? ・暗号化クラウドサービス・ベンダーが提供する暗号化ツールではなく完全な第三者の暗号化ツールの利用
クラウドサービスに関するモニタリングを行っているか	・ベンダーの経営状況 ・ベンダーの社会的な評判 ・従業員などの監督・教育(特に個人情報保護)の実施状況
クラウドのBCPを策定しているか	・クラウドのレスポンスが低下したとき、利用ができなくなったとき ・自社システムおよび顧客への影響

8

実務上の管理ポイント

　なお、管理ポイントについては、個人情報保護以外の項目についても示している。企業がクラウドサービスを利用する際には、幅広い視点から管理する必要があるからである。

8.3　システム開発の管理

　システム開発では、要件定義の段階から個人情報に関わるリスクを検討し、システム化要件として組み込む必要がある（図 8.4）。システム開発を行う場合には要件定義が重要であるが、要件定義を行う場合には、業務要件の検討が必須である（図 8.5）。個人情報は、業務で取り扱うので、業務プロセスの構築時に、個人情報保護の観点を組み込んでおく必要がある。

　このような考え方は、プライバシー・バイ・デザインと呼ばれている。言葉は新しいが、システム開発では従来から考慮されてきた考え方であり、個人情報保護意識の高まりとともに、開発工程で個人情報保護のための機能を組み込むことが強調された結果だといえる。

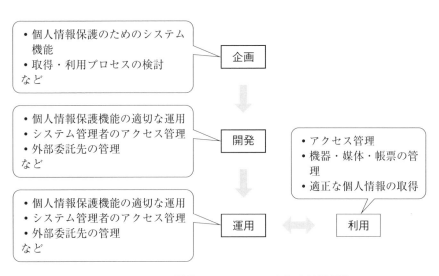

図 8.4　システム開発ライフサイクルと個人情報保護

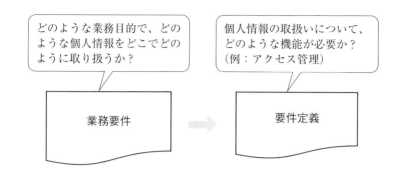

図 8.5　業務要件・要件定義における個人情報保護の考慮

表 8.2　システム開発の管理ポイントの例

項目	管理ポイント
開発計画の承認	・システム開発計画を策定し、権限者の承認を受ける。 ・開発計画書、稟議書などの記録を残す。
開発計画の妥当性	・システム化の目的、機能、システム化範囲、スケジュール、開発体制、システム化効果、開発費、運用費などについて、システム開発計画書で明確にする。 ・個人情報保護法、番号法、ガイドラインに則った個人情報の利用になっているかリーガルチェックを受ける。 ・業務システムに関して、個人情報に関わるリスクを評価し対応を講じる。
プロジェクト管理	・プロジェクト体制、責任・権限などについて、開発計画書で明確にする。 ・進捗管理を行い、課題への対応などが適切に行われていることを、プロジェクト管理表などを用いて明確にする。
開発計画の変更	・システム開発計画を変更している場合には、その理由、影響範囲の検討、費用対効果の見直し、権限者の承認などが適切に行われているか、開発計画書、稟議書などをレビューして確かめる。
システムテスト	・システムテストの範囲・内容・方法、バグの修正などについて、テスト計画書およびテスト報告書、テスト記録などで明確にする。 ・個人データをテストデータとして用いる場合には、個人が特定されないようにデータ項目にマスクを掛ける。

8

実務上の管理ポイント

表8.2　つ　づ　き

項目	管理ポイント
検収	• システム機能を確認した上で、受入検収を行う。 • ユーザーがUAT（ユーザー受入テスト）に主体的に参加し、承認する。 • 特に個人情報に関わる部分の受入テストを入念に行う。
情報セキュリティ	• セキュリティ要件を検討し、システム機能に組み込む。組み込んだ機能は、システム化計画書、設計資料などで明確にする。
開発環境	• 開発作業での個人情報の管理が適切に行われているか事前および定期的に確認する。 • 開発環境におけるセキュリティ教育や、セキュリティ点検の状況を定期的に委託元に報告させる。 • 開発場所は、必ず視察して、状況を確かめる。
完了報告	• システム開発完了報告を、完了報告書としまとめる。 • 開発計画書と完了報告書の整合をとる。

　システム開発においては、例えば、**表8.2**に示すような事項に注意する必要がある。業種や企業によって、取り扱う個人情報が異なり、開発環境や開発ツールの利用状況も異なるので、自社の状況に応じてチェックポイントを見直すとよい。

　なお、管理ポイントについては、個人情報保護以外の項目についても示している。システム開発を行う際には、幅広い視点から管理する必要があるからである。

8.4　SNS利用の管理

　SNSの利用について、個人情報をネットで公表するといった問題が発生している。SNSは、業務で用いることもあれば、私的に利用されることもある。顧客や従業員の個人情報を外部に公表しないように役員・従業員を指導・監督する必要がある。

　SNS利用における個人情報保護に関わる事例には、次のようなものがある。

① **Twitter での投稿（2013 年 9 月 22 日、朝日新聞（朝刊））**

成田空港の土産物店を利用した俳優のクレジットカードの写真を店員らが Twitter に投稿していた。派遣社員の店員がスマートフォンで撮影し、別の店員ら 8 人に LINE で送信。そのうちのアルバイトが、カード番号の一部や署名が写った写真画像を Twitter に投稿した。Twitter 上で注意されたため、約 20 分後に投稿を削除した。

② **悪ふざけ動画の拡散（2019 年 2 月 19 日、日本経済新聞（夕刊））**

飲食店やコンビニ店のアルバイト店員が悪ふざけをする動画を SNS に投稿し、企業が謝罪に追い込まれトラブルが相次いでいる。

SNS 利用において、個人情報の不適切な取扱いが発生しないようにするためには、役員および従業員に対する倫理教育が重要である。教育だけでは SNS におけるトラブルを防ぐことは難しいが、個人情報を大切に扱う企業文化を定着させることは、有効な対策だといえる。一人ひとりが意識をもっていれば、他の社員が不適切な行為を行おうとしているときにそれを食い止めることができるからである。

8.5　IoT の管理

IoT の導入が進んだことによって、新たなリスクが発生している。IoT に関わるリスクは、**図 8.6** に示すようなものが考えられる。個人情報に関わるリスクは、特に IoT デバイスによる個人データの取得である。また、取得した個人データを適切に管理することもポイントである。

IoT ではさまざまな個人情報が取得されることがあるので、例えば、**表 8.3** に示すような点について管理する必要がある。個人情報保護管理者・担当者は、IoT の導入・運用・保守・利用に際して、**表 8.3** に示す管理を行う必要がある。

ここでは、個人情報の機密性、可用性、インテグリティなどのセキュリティ

8

実務上の管理ポイント

の視点だけでなく、個人情報の活用の視点から見た管理ポイントも加えている。

なお、管理ポイントについては、個人情報保護以外の項目についても示している。IoT を利用する際には、幅広い視点から管理する必要があるからである。

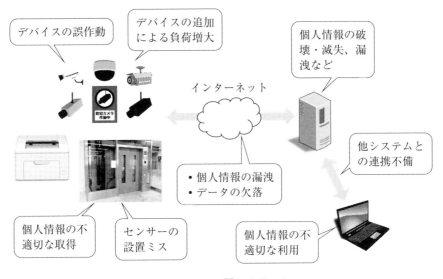

図 8.6　IoT に関わるリスク

表 8.3　IoT の管理ポイントの例

項目	管理ポイント
IoT の導入方針（個人情報の取得）	・IoT の導入方針を明確にする。 ・個人情報の取得について明確にする。 ・IoTの適用範囲を明確にする（勝手なIoTの導入をさせない）。 ・IoT の活用目的を明確にする。 ・IoT の効果を事後検証できる仕組みを構築する（費用対効果、目標指標など）。
個人情報の取得	・IoT デバイスで取得している個人情報と、その保存期間を把握する。 ・不要な個人情報（映像、位置情報など）を取得しない。 ・IoT 機器の設置場所に問題がないか（管理者の承認を得ているか）。

表 8.3　つ　づ　き

項目	管理ポイント
ハードウェア	• IoT デバイスの機能や、センサーの性能(光、温度、加速度など)が適切か(オーバースペックになっていないか)。 • センサーの信頼性(誤検知を含む)は適切か。 • センサーの設置環境(温度、湿度、粉じん、振動など)に問題はないか。 • インターネットとの通信が適切に行われるか。 • データの受け手側のサーバーの仕様が適切か。 • IoT デバイスの設置時に初期パスワードを変更しているか。 • また、そのパスワードは適切か。 • IoT デバイスの新増設への対応が考慮されているか。
ソフトウェア	• IoT データの取得・分析システムの要件検討にユーザーを参画させる。 • アプリケーションシステムとのインターフェースは適切に行う。 • データの欠落に備えたデータチェックを行う。
システム開発	• 個人情報保護に関わる要件定義が適切に行われているか。 • 誤検知が発生した場合の対応策を講じているか。 • データ量を予測してシステム構築をしているか。 • システムテストが適切に行われているか。 • 特に設置環境の条件やインターネットとの通信を踏まえたテストが十分に実施されているか。
運用・保守	• システムの変更管理手順が定め、それに従って変更管理を行う。 • センサーの増設、取り換えに備えた対応手順を定め、それに従って変更管理を行う。 • バッテリーの寿命に備えた対応手順を定め、それに従って保守を行う。
コンティンジェンシープラン	• IoT システムのバックアップを講じる。 • 特に IoT の稼働停止や遅滞に備えた対策を講じる。 • データバックアップを定期的に取得する。 • マニュアル作業による代替策を策定する。

8

実務上の管理ポイント

8.6　テレワークの管理

テレワークの拡大に伴って、自宅等のパソコンから個人情報を取り扱うことも増えている。そこで、テレワークにおいて個人情報を適切に保護することが課題となっている。テレワークには、例えば、**図 8.7** に示すように、全体像を把握した上で、個人情報保護対策を検討するとよい。

テレワークでは、**表 8.4** に示すような事項に留意して管理する必要がある。

なお、管理ポイントについては、個人情報保護以外の項目についても示している。テレワークを行う際には、幅広い視点から管理する必要があるからである。

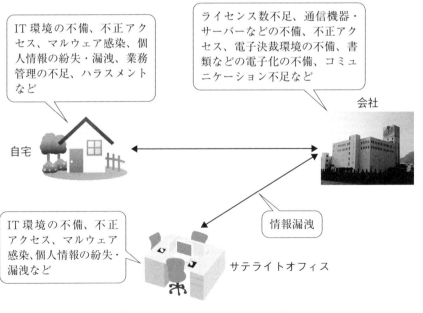

図 8.7　テレワークにおけるリスク

表 8.4　テレワークにおける管理ポイントの例

項目	管理ポイント
テレワークにおける個人情報保護方針	• テレワークにおける個人情報の取扱方針が明確に定められているか？ • テレワークを適用する業務・部門が明確になっているか？ • 個人情報保護、機密保護などが明確になっているか？ • 労務管理に関する取扱いが明確になっているか？
テレワークの推進体制	• テレワークに関する全社的な管理部門が明確になっているか？ • 当該部門の責任、権限などが明確になっているか？ • 各部門におけるテレワークの管理責任者が任命され、責任、権限が明確になっているか？
IT 部門の体制	• テレワークの全社的管理部門と IT 部門の関係(役割分担、責任、権限など)が明確になっているか？ • テレワークシステムに関する責任者・担当者が明確になっているか？
テレワークシステムに関する規程など	• テレワークシステムに関する規程やマニュアルが整備されているか？(映像の表示やミュート解除に関する取扱いを含む) • テレワークシステムの設計資料、運用資料などが整備されているか？
テレワークシステムの導入	• テレワークシステムについて、複数の製品・サービスを比較・検討(個人情報保護機能を含む)して導入を決定しているか？ • 比較・検討は、システムの機能、価格、操作性、ベンダーの財務状況、運用後の保守サービス、導入実績などの視点から実施されているか？
個人情報に対するセキュリティ対策	• 情報セキュリティポリシーに沿った取扱いをしているか？ • アクセス権の付与は適切に行われているか？ • システム管理者の特権管理は適切に行われているか？ • バックアップは取得されているか？ • 冗長化(ハード・ソフト・通信)が行われているか？ • 導入に際してセキュリティ検査を行っているか？ • 特に負荷テストを行っているか？ • 定期的にセキュリティ検査を実施しているか？ • Web 会議の ID、パスワードが外部に漏洩しないようにしているか？ • コンピュータウイルス対策が講じられているか？ • サイバーセキュリティ対策が講じられているか？ • 自宅、サテライトオフィスなど社外での情報漏洩(のぞき見を含む)が発生しないように周知しているか？

8

実務上の管理ポイント

表8.4　つ　づ　き

項目	管理ポイント
テレワークシステムの運用	• テレワークシステムの運用状況を監視しているか？ • 閾値を定めて、システム負荷がそれを超えないように適切な対策を講じているか？ • 障害管理が適切に行われているか？ • 変更管理が適切に行われているか？
ハラスメントの防止	• 映像の取扱いを明確に定めて、ハラスメントが発生しないようにしているか？
労務管理	• 労働時間を適切に管理しているか？ • 眼精疲労の防止など、従業員の健康管理に配慮しているか？
業務改革	• テレワークの拡大に伴って、業務の見直しが行われているか？ • 見直しに際しては、個人情報保護が検討されているか？ • ユーザー調査を行って、テレワークの問題点を把握しているか？ • また、その問題点を解決するための対策が講じられているか？ • ペーパレス化、ワークフローシステムの導入が行われているか？
ユーザーサポート	• ユーザー教育を実施しているか？ • ユーザー向けのマニュアルを策定し、周知しているか？ • サポートデスクが設置され、ユーザーを適切にサポートしているか？
BCP	• テレワークシステム障害時のBCP(業務継続計画)が策定されているか？ • BCP の訓練が定期的に実施されているか？
その他	• ユーザーのコスト負担を考えて必要な対応を行っているか？（テレワーク用のコスト負担）

第9章
効率的な個人情報保護を目指して

9.1 情報セキュリティと個人情報保護

　個人情報保護対策と情報セキュリティ対策は、前述のように重複する部分が少なくない。例えば、個人情報保護ガイドラインの安全管理措置の内容を見ると、個人情報(電子データおよび紙の帳票など)データに対するアクセス管理に係る事項が共通する。そこで、企業において、個人情報保護対策を講じる際には、情報セキュリティ対策と連携しながら効率的に対策を整備・運用する必要がある。

　情報セキュリティ対策と個人情報保護対策の違いは、**図9.1** に示すように対策の対象が異なる点にある。情報セキュリティ監査では、情報資産(データ、ソフトウェア、ハードウェア、ネットワーク、要員など)が対象になる。情報資産には、紙の文書、メモ、口頭による情報などが広く含まれる。一方、個人情報保護では、個人情報(データ)が対象であり、個人情報を処理するソフトウェア、ハードウェア、ネットワーク、紙の文書、要員などが管理対象になる。

　情報セキュリティでは、情報資産の機密性、可用性、インテグリティの確保を行うが、個人情報保護では、個人情報に関わる機密性、可用性、インテグリティの確保を行う。したがって、機密性、可用性、インテグリティの確保という視点については、情報セキュリティと共通する。

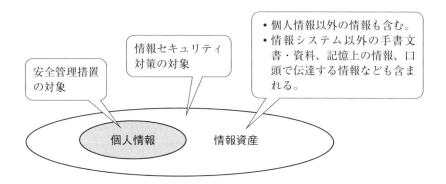

安全管理措置
の対象

情報セキュリティ
対策の対象

・個人情報以外の情報も含む。
・情報システム以外の手書文書・資料、記憶上の情報、口頭で伝達する情報なども含まれる。

個人情報　　　情報資産

図 9.1　情報セキュリティ対策と個人情報保護対策の対象の違い

9.2　IT ガバナンスと個人情報保護

　経済産業省「システム管理基準」(2018 年 4 月 20 日)では、「IT ガバナンスとは経営陣がステークホルダのニーズに基づき、組織の価値を高めるために実践する行動であり、情報システムのあるべき姿を示す情報システム戦略の策定及び実現に必要となる組織能力である。また、経営陣は IT ガバナンスを実践する上で、情報システムにまつわるリスク(以下「情報システムリスク」という。)だけでなく、予算や人材といった資源の配分や、情報システムから得られる効果の実現にも十分に留意する必要がある。」と説明している。

　IT について経営者が責任をもって実施すべきことを IT ガバナンスと位置づけ、管理者や担当者が責任をもって実施すべきことを IT マネジメントと整理されることが多い。なお、筆者は、IT ガバナンスを広く捉え、「組織体の目標達成のために IT を活用するための仕組みやプロセス」と捉えている。IT マネジメントについても、経営者が監督・指導するものなので、IT ガバナンスに含まれると考えている。いずれにしても重要な点は、IT ガバナンスは、組織体の目標達成のための仕組みやプロセスだということである。

　ところで、個人情報保護は、IT ガバナンスや IT マネジメントの整備・運用上、非常に密接な関わりをもっている。個人情報保護を確保できなければ、

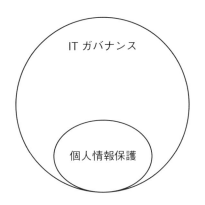

図 9.2　IT ガバナンスと個人情報保護

IT ガバナンスを確立することができないし、経営者の責任にもなるからである（**図 9.2**）。

　なお、IT ガバナンスは、ISACA が最初に提唱したものであるが、最近では、「I&T ガバナンスの最適化」という概念に変化した。ISACA の COBIT 2019 では、「「IT」は技術的なものであるという認識から、特定の組織部門がその技術に関する主要な責任を担うものであるとされるのが通常であった。このため、本来、事業体全体に関わるはずの IT ガバナンスが偏ったものとなることが多かった。ここで新たに「I&T：Information & Technology」（情報と技術）という表現を用いることで、<u>事業体がゴールの達成のために</u>生成し、処理し、そして利用される全ての情報は、それに関係する技術同様、<u>事業体全体に関わるもの</u>であるとした。IT ガバナンスから I&T ガバナンスへと言葉を変えた背景がここにある。」（出典：日本 IT ガバナンス協会、https://www.itgi.jp/index.php/cobit2019/background、下線は筆者）と説明している。

9.3　IT 統制と個人情報保護

　個人情報保護においては、IT（情報技術）の問題を切り離して考えることはできない。デジタル化の進展とともに、個人情報保護に対する社会的要請が高

まってきたからである。また、企業には、個人情報を適正に保護しつつ、企業目標の達成に向けて個人情報を利用していくことが求められている。ここでは、個人情報保護の視点から、IT 統制について述べる。

（1）IT を対象とした統制と IT を利用した統制

IT 統制は、図 9.3 に示すように、「IT を対象とした統制」と「IT を利用した統制」の 2 つの視点から整理できる。「IT を対象とした統制」とは、IT の導入や利用そのものを統制するものである。例えば、システム開発や運用の規則、手続、体制などである。個人情報保護に必要なセキュリティ機能の標準化なども含まれる。IT を利用した統制とは、システムにアクセスコントロール機能を組み込んだり、暗号化したりして、IT を利用して個人情報保護対策を構築するものである。

なお、内部統制に対して外部統制という概念がある。個人情報保護に関わる外部統制としては、個人情報保護委員会の監督やプライバシーマーク制度の審査がある。

（2）個人情報に関わる IT の統制

個人情報は、さまざまな IT で利用されている。例えば、ネット通販、ネット銀行、ネット証券などのネットビジネス、携帯電話を利用したさまざまなコ

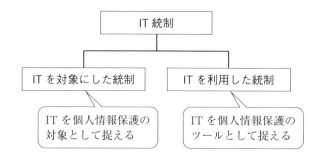

図 9.3　IT 統制の 2 つの考え方

ンテンツ、情報提供などで、個人情報が利用されている。また、販売情報システム、顧客情報システム、物流情報システムなど多種多様な業務システムでも個人情報が利用されている。

　こうしたITの導入や利用において、個人情報保護が適切に実施されるようにITを統制していくことが求められている。ITの導入・利用における統制は、ITのライフサイクルの視点から考えるとわかりやすい。また、企業におけるIT導入・利用全般において統制していくもの（全般統制）と、個々のITにおいて個別に統制していくもの（業務処理統制）とに整理できる（**図9.4**）。

（a）全般統制

　全般統制については、例えば、新しいシステム開発やシステム機能の拡充改善を行う際に、システム化に関わる社内ルールとして、個人情報保護法やガイドラインを遵守する仕組みが必要になる。例えば、システム化に関する規程・

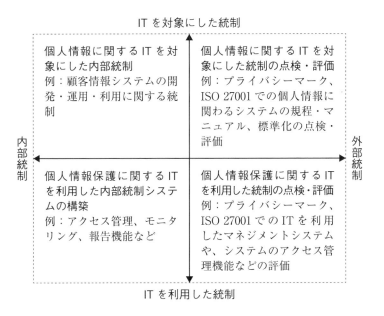

図9.4　IT統制と個人情報保護の関係

マニュアルや標準化ルールなどで、次のような事項を定め、実施することが全般統制に該当する。

- システム化に伴って新たに個人情報を取得する場合の利用目的の通知・公表する。
- システム化の目的が個人情報の利用目的の範囲内であること。利用目的を超える場合には、事前の本人同意を行う。
- 個人情報保護リスク(個人情報保護に関するリスク)に関するリスク評価を行う。
- リスク評価を踏まえた安全管理措置などの対策(コントロール)を講じる。
- システムの利用者、運用者などに対する個人情報保護教育を実施する。
- システム開発やシステム運用に関わる外部委託先の監督の仕組みを講じる。
- コントロールの有効性を点検するモニタリング機能を組み込む。

（b）業務処理統制

業務処理統制は、個人情報を取り扱う業務システムにおいて、個人情報(データ)にアクセスできる者を制限するためのユーザー ID・パスワード、IC カード、生体認証などを用いたアクセスコントロールや、個人情報の正確性を確保するためのシステムによるデータチェックなどの統制のことである。業務処理統制は、全般統制の下で行われるものであり、個々の業務システムで見ると、当該業務システムの統制は、全般統制に当該業務システムの業務処理統制を加えたものとなる。

（3）IT による個人情報の統制

個人情報を適切に取り扱い、利用していくためには、IT の活用が不可欠である。IT を上手に利用すれば、個人情報保護に関する内部統制システムを確立することができる。IT による個人情報の統制は、前述の全般統制と業務処理統制という考え方でも説明できるが、ここでは、内部統制のグローバルなフ

レームワークである COSO（トレッドウェイ委員会組織委員会）レポートに沿って説明する。COSO レポートでは、内部統制システムの構成要素として、①統制環境、②リスク評価、③統制活動、④情報と伝達、⑤モニタリングの 5 つの構成要素を挙げている。IT を利用してこれらの構成要素をバランスよく整備することが重要である。

　例えば、個人情報を取り扱う社員などに対して、イントラネットや電子メールを利用して、個人情報の重要性を訴え、意識づけを行うことができる（①統制環境）。個人情報に関するリスクの洗い出しと大きさの評価（②リスク評価）。また、情報システムのアクセスコントロールや入退管理システムによるチェックなど、IT を利用して個人情報の漏洩・紛失対策を行う（③統制活動）。さらに、個人情報に関する事故の発生や発生するおそれがある場合に、電子メールやスマートフォンなどの IT を利用して関係部署に対する連絡体制も必要である（④情報と伝達）。最後に、こうした統制が有効に機能しているかどうかを点検するために、アクセスログの定期的なチェックや、イントラネットを通じた自主点検なども忘れてはならない（⑤モニタリング）。現実に、ネットワークを監視するためのツールを導入して、ユーザーによる利用状況をチェックしたり、電子メールの内容をシステムでチェックしたりしている企業も少なくない。

　個人情報の漏洩・紛失、目的内での利用、利用目的の通知・公表などの対応を適切に行い、個人情報保護法やガイドラインを遵守していくためには、人手による管理だけでは不十分である。なぜならば、個人情報は、委託先や代理店などを含めて、社内外のいたるところで利用されており、人的管理だけでは対応が難しいからである。IT を利用しなければ、個人情報保護に関する内部統制システムを構築することはできない。

9.4　ERM と個人情報保護

　ERM（Enterprise Risk Management：全社的リスクマネジメント）は、企業におけるさまざまなリスクを一元管理する概念であり、グループ企業を含めて

9

効率的な個人情報保護を目指して

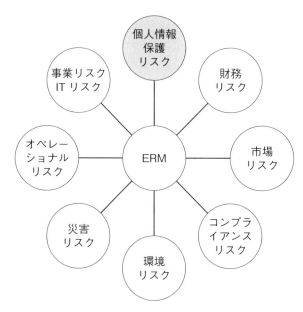

個人情報
保護
リスク

事業リスク
IT リスク

財務
リスク

オペレー
ショナル
リスク

ERM

市場
リスク

災害
リスク

コンプラ
イアンス
リスク

環境
リスク

図 9.5　ERM と個人情報保護リスク

親会社がリスクを一元管理するものである（**図 9.5**）。企業では、自然災害（地震、水害など）、火災、事故、コンプライアンス違反、システム障害などさまざまなリスクに対処する必要があるが、地震対策、火災対策、システム障害対策などリスクの種類ごとに担当部署を定め、対応マニュアルを策定する企業が少なくない。しかし、このように縦割りの対策を整備・運用していると、リスク担当部署がばらばらになってしいまい、経営者が全体像を把握することが難しい。

　そこで、企業におけるさまざまなリスクを一元管理する仕組み、体制が必要になる。個人情報に関わるリスクも企業にとって重要なリスクであり、情報漏洩が発生した場合に適切に対応する必要があるので、ERM で取り扱うリスクに含めて管理する必要がある。

　個人情報に関わるリスクが発生した場合には、情報システム部門、営業部門、法務部門などと連携して対応しなければならない。また、リスクの大きさによっては、経営者に即時に報告して、必要な指示を仰ぐことになる。したがって、

自社の ERM の一環として個人情報保護に関わる体制を整備・運用することが重要である。

9.5　システム監査と個人情報保護監査

個人情報（データ）は、情報システムで利用されることが多いが、個人情報保護監査では、情報システム以外の個人情報も対象となる（**図 9.6**）。システム監査では、入力伝票（申込票など含む）や出力帳票も監査対象となるので、実務上、システム監査で個人情報保護監査を行うと効果的である。

個人情報の取得・開示に関する事項は、個人情報保護法に特有のものである。システム監査で個人情報保護監査を実施する場合には、個人情報の取得に関する事項を監査項目に加える必要がある。

個人情報保護における安全管理措置は、システム監査と共通する部分が少な

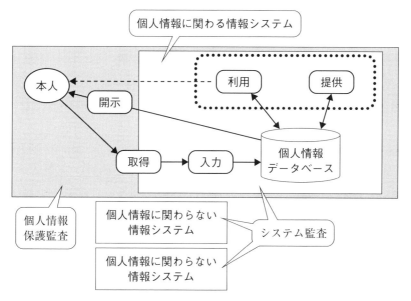

図 9.6　個人情報保護監査とシステム監査の対象領域の違い

9

効率的な個人情報保護を目指して

くない。例えば、アクセス管理、入退管理、バックアップなどの対策が両者に共通する。そこで、個人情報保護対策を講じる場合には、情報システムの対策と連携させて考える必要がある。

　なお、システム監査の場合には、システム化の目的を達成しているかどうかについて監査するので、例えば顧客管理システムが有効に活用されシステム化の目的を達成しているかどうかを監査する。しかし、個人情報保護監査の場合には、個人情報を取り扱う情報システムがシステム化の目的を達成しているかどうかの監査は行わない。

9.6　3ラインモデルと個人情報保護

　IIA(内部監査人協会：本部米国)は、3ラインモデルという概念を提唱している(IIA「IIAの3ラインモデル：3つのディフェンスラインの改訂」、2020年7月公表)。3ラインモデルは、支店・営業所などの第1ライン、セキュリティやコンプライアンスの推進部門などの第2ライン、第1ラインおよび第2ラインが適切に業務を遂行しているかどうかを点検・評価する内部監査部門(第3ライン)の3層で構成されている。

　3ラインモデルには、次の6つの原則がある(下線は筆者)。

- 原則1：ガバナンス
- 原則2：統治機関の役割
- 原則3：経営管理者と第1・第2ラインの役割

　　「組織体の目標を達成するための経営管理者の責任は、第1ラインと第2ラインの両方の役割で構成される。第1ラインの役割は、組織体の顧客への製品やサービスの提供と最も直接的に繋がっており、これには支援機能も含まれる。第2ラインの役割は、リスクの管理を支援することである。」

- 原則4：第3ラインの役割

　　「内部監査は、ガバナンスとリスク・マネジメントの妥当性と有効性

に関する独立にして客観的なアシュアランスと助言を提供する。内部監査は、体系的で規律あるプロセス、専門知識、および洞察を十分に適用することで、これを実現する。内部監査は、発見事項を経営管理者と統治機関に報告して、継続的な改善を奨励し促進する。その際に内部監査は、組織体内外の内部監査以外の提供者によるアシュアランスを検討する場合がある。」

- 原則 5：第 3 ラインの独立性
- 原則 6：価値の創造と保全

個人情報保護についても、このような 3 ラインモデルを参考にして、体制を整備するとよい(**図 9.7**)。具体的には、個人情報を取り扱う第 1 ラインでの体制やマニュアルを整備し、第 1 ラインの管理者が個人情報保護の実施状況をチェックし、必要な改善を指示する。第 2 ラインは、個人情報保護推進部門(コンプライアンス推進部門など)であり、個人情報保護規程やマニュアルを作成し、経営者の承認を得て、全社的な個人情報保護体制を整備・運用する。e ラーニングなどを用いて従事者に対する教育を実施し、必要な改善を指示する。

第 3 ラインは、内部監査部門であり、第 1 ラインおよび第 2 ラインが個人情

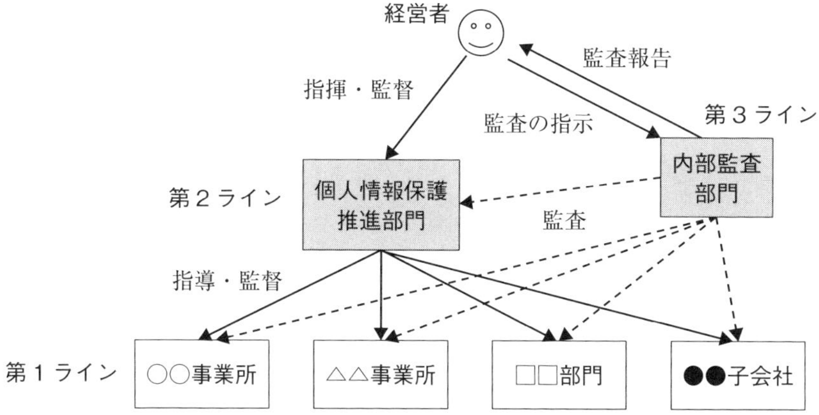

9

効率的な個人情報保護を目指して

図 9.7　個人情報保護の 3 ラインモデル

報保護に関わる業務が適切に遂行されているかどうかを点検・評価し、指摘および改善提案を行う。

　経営者は、このような 3 ラインモデルを整備・運用する責任がある。その責任を果すためには、第 3 ラインを有効に活用して、企業における問題点を洗い出し、早めに対応することが重要である。

　このような 3 ラインモデルにもとづく個人情報保護体制を整備・運用することによって、個人情報保護を確実に実施することが可能になる（**図 9.7**）。

9.7　DX の推進と個人情報保護

　経済産業省は、「新型コロナウイルス感染症により経済が大きな被害を受けた中、遠隔・非対面・非接触という新しい環境への適応に躊躇する企業が引き続き多く、依然として回復が順調であるとは言えない。このような状況を打開するには、個社単位の変革には限界があり、<u>データとデジタル技術の活用による産業全体の変革</u>を促していくことが求められる。既存産業を従来以上の競争力のあるデジタル産業として変革させるためには、DX をより一層加速させることが不可欠であるが、そのような新産業の創出には長期の時間を要する。本レポートは、デジタル産業の創出に向けて、官民の区別なく時間をかけて完成形を提示する従来のスタイルを見直し、いち早く取り組むべき方向性を提示するものである。」（デジタル産業の創出に向けた研究会、「DX レポート 2.1」、2021 年 8 月 31 日、下線は筆者）として、産業全体の変革を提唱している。

　この中で、注意すべき点は、データとデジタル技術の活用である。特にデータについては、個人データが深く関係することになる。個人情報保護法の改正によって、仮名加工個人情報および匿名加工個人情報が認められるようになり、マーケティングやその他の企業活動における利活用が期待されている。つまり、DX（デジタルトランスフォーメーション）の進展に伴って、個人情報の価値がさらに高まるとともに、個人情報保護を確保することが企業活動を進めていく上で不可欠になる。DX 化を推進しようとしている企業は、その前提として個

人情報保護を確実に実施しなければならない（**図 9.8**）。

　それでは、個人情報保護の DX 化はどのように進めればよいのだろうか。情報セキュリティ対策を導入することによってアクセス管理を強化したり、データチェック機能を強化したりすることは当然のことであるが、内部監査部門が実施しているデータ分析の仕組みを利用する取組みが考えられる。前述の 3 ラインモデルを構築するためには、第 3 ラインによるデータ分析が有効であり効率的である。例えば、顧客管理システムに対するアクセスログを分析して、不適切な利用が行われていないかどうかを常時監査することが可能である。また、第 3 ラインが作成したデータ分析システムを第 2 ラインに移管することによっ

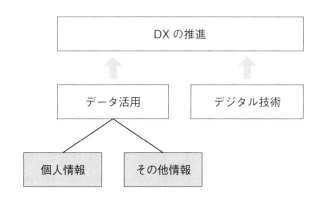

図 9.8　DX と個人情報の関係

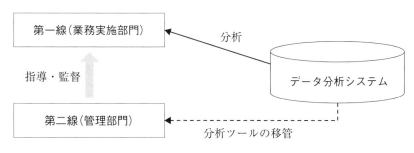

図 9.9　データ分析システムの活用

9

効率的な個人情報保護を目指して

189

て、管理水準を向上させることが可能になる（図9.9）。

9.8　新技術と個人情報保護

AI、ビッグデータ、IoT、RPAなどさまざまなデジタル技術が導入されているが、新しい技術が導入されると、個人情報保護対策（安全管理措置など）に求められる機能が異なってくる。例えば、AIの導入によって個人情報がどのような影響を受けるのか、IoTの導入によってどのような影響が発生するのかについて、リスク評価を実施し、リスクに対応した適切な対策を講じる必要がある。

新技術の導入に際して、個人情報保護管理者は、次のような視点からリスクを考えるとよい（図9.10）。

- 新技術の導入によるビジネスプロセスの変化によるリスク
- 新技術の導入によって新たに生まれるビジネスプロセスにおけるリスク
- 新技術の導入に関わるリスク（既存技術の導入にはないリスク）

なお、新技術が個人情報保護において、どのようなリスクが生じるのかを判断する能力が求められるので、日頃から新技術の導入が個人情報保護にどのような影響を及ぼすのか考えておく必要がある。

図9.10　新技術の導入と個人情報保護リスク

9.9　個人情報保護リスクの動向

(1) デジタル技術の進展と個人情報保護リスク

デジタル技術の進展に伴って、新たな個人情報保護リスクが発生する。今まで想定していなかった形で個人情報が利用されることがあるからである。個人情報は、企業にとって宝の山である。例えば、GAFA(Google、Apple、Facebook、Amazon)は、膨大な個人情報を取得して、マーケティングなどの企業活動に活かしている。ある商品を購入すると、類似の商品を購入している人がどのような商品を購入しているかを推奨することが広く行われている。この他に通信会社が取得しているスマートフォンのGPS情報によって、人の動きを解析して人出の増減を発表している。

このようにさまざまなメリットがある一方で、個人情報が適切に保護されていないと、重大な問題に発展する必要がある。例えば、購入履歴が外部に漏洩したり、個人のGPS情報が漏洩してしまったりすると、個人の活動が第三者に丸見えになってしまい、場合によってはストーカー、誘拐、傷害などの事件に悪用される可能性がある。デジタル社会においては、個人情報を適切に保護することが求められる。

(2) 技術動向のモニタリング

企業では、社会動向やユーザーニーズの変化に対応するために、どのようなデジタル技術が出現し導入されつつあるのかを把握することが求められている。この際には、新しいデジタル技術をどのようにビジネスにつなげていくのかを考えることが重要である。

例えば、ショッピングサイトへのアクセスログを分析して、顧客がどのような商品に関心をもっているのかを分析する。また、監視カメラの映像を分析して、顧客が店内でどのような行動をとるのか、どのような商品に関心をもっているのかを分析して、品揃えや商品開発に活かすことができる。

画像認識、テキストマイニング、AIなどさまざまな技術の品質も常に向上

9

効率的な個人情報保護を目指して

191

していることにも関心をもつ必要がある。今まではできなかったことが品質向上によって、可能になるかもしれないからである。

この他に、複数のデジタル技術の組合せによって新しい取組みが可能になる。例えば、顔認証やショッピングサイトへのアクセスログなどと、顧客管理システムを組み合わせることによって、得意客が店内やショッピングサイトでどのような行動をとっているのかを分析して、顧客の囲い込みに活かすことができる。

このように、企業は、経営目標や営業目標などの達成のために常に個人情報の活用を考えている。

(3) 個人情報を広く捉える

企業は、個人情報をうまく活用して利益を挙げることを考えるので、ややもすれば個人情報の範囲を狭く捉えて、企業の活動に活用しようと考えてしまう。その結果、個人情報保護が適切に行えない事態に陥ってしまう。顧客の立場に立って、顧客が嫌がることを行わないようにすることが重要である（図9.11）。

論語には、「己の欲せざるところは人に施す勿れ」（顔淵第十二 2、衛霊公第十五 23）と書かれているが、これを実践することが大切である。個人情報に該当するかどうか迷ったら、個人情報として取り扱うようにすれば、大きな問題

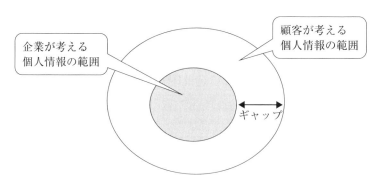

図9.11 個人情報に対する企業と本人のギャップ

につながる可能性が低くなる。

　また、仮名加工個人情報や匿名加工個人情報として、個人情報を企業活動に活用しようとする場合には、仮名化、匿名化を確実に実施するように留意することが大切である。

マネジメントシステムの統合

　本書で説明しているように個人情報保護マネジメントシステムの確立が重要であるが、企業ではこの他にさまざまなマネジメントシステムの認証を取得している。その結果、マネジメントシステムが乱立して、マネジメントシステムの認証取得の負荷が増えている。例えば、プライバシーマーク制度、ISO/IEC 27001（情報セキュリティマネジメントシステム）、ISO/IEC 20000（IT サービスマネジメントシステム）、ISO 9001（品質マネジメントシステム）などがある。さらに、上場企業では、金融商品取引法の内部統制の有効性評価がある。そこで、企業における業務負荷を低減するために、マネジメントシステムの共通部分を統合して効率化に取り組むことが重要になる。個人情報保護法が求める安全管理措置は、情報セキュリティと重複する部分が少なくないので、個人情報保護を効率的に行うために、各種マネジメントシステムとの統合を検討することをお勧めする。

9

効率的な個人情報保護を目指して

付録1
個人情報保護チェックリスト

　企業において、個人情報保護ガイドラインなどを読みその内容を理解して、個人情報保護が適切に行われているかどうかをチェックすることは容易ではない。そこで、参考までに個人情報保護のチェックポイントを以下にまとめたので、実務を行う上での参考にされたい。なお、詳細な点を理解するためには、根拠条文を参照したり、個人情報保護ガイドラインを参照したりするとよい。

項目	チェック項目
利用目的の特定	□利用目的が具体的であり、特定されているか。 □本人(顧客、従業員など)から見て利用目的がわかりやすいか。 □今まで、利用目的に関して本人から問合せなどが発生していないか。 □従業員などが利用目的を理解しているか。
取得に際しての利用目的の通知等	□利用目的が、ホームページ、店頭での掲示、申込書類などに記載されているか。 □利用目的は、わかりやすい場所に記載されているか。 □コールセンターなど電話での受付けの際には、口頭または自動応答装置などで知らせているか。

項目	チェック項目
データ内容の正確性の確保等	☐個人情報の誤記入が発生しないような書式や入力画面になっているか。 ☐個人情報の正確性を確保するためのシステムによるデータチェックを行っているか。 ☐個人情報の入力の正確性を確保するために、複数者によるチェックを行っているか。 ☐個人情報の最新性を確保するための取組みをしているか。
適正な取得	☐未成年者から個人情報を取得する場合には、保護者の承諾を得ているか。 ☐第三者から個人情報を取得する場合の取扱い(提供元の法令遵守状況などの確認)が定められているか。
保有個人データに関する事項の公表等	☐保有個人データについて、本人が容易に知り得る状況になっているか。 ☐保有個人データをすべて把握しているか。 ☐保有個人データの問合せ窓口などが明確になっているか。 ☐保有個人データの問合せについて、適切に対応しているか。
開示、開示等の求めに応じる手続	☐保有個人データの開示に関する受付部署、開示手続(受付票、社内ルートなど)が定められているか。 ☐開示に関する受付責任者・担当者は、開示の意味について理解しているか。 ☐本人確認の手続が適切か。 ☐一般的な問合せ対応と、開示の区別に関する判断基準が明確になっているか。 ☐開示が発生しているか。発生している場合には、手続に従って適切に対応しているか。
訂正等	☐訂正に関する体制、手続が明確になっているか。 ☐訂正等が発生している場合には、手続に従って、適切に訂正等が行われているか。
利用停止等	☐利用停止等に関する体制、手続が明確になっているか。 ☐利用停止等が発生している場合には、手続に従って、適切に訂正等が行われているか。

項目	チェック項目
理由の説明	□保有個人データの公表・開示・訂正・利用停止などの措置をとらない場合の手続が明確になっているか。 □保有個人データの公表・開示・訂正・利用停止などの措置をとらない場合の判断責任者・判断基準などが明確になっているか。 □保有個人データの公表・開示・訂正・利用停止などの措置をとらない場合には、手続に従って、適切に訂正等が行われているか。
手数料	□保有個人データの利用目的の通知、保有個人データの開示を求められたときに手数料を定めているか。 □手数料は、実費等を勘案した合理的な金額になっているか。
個人情報取扱事業者による苦情の処理	□苦情処理の窓口(担当部署、責任者など)が明確になっているか。 □苦情処理の手続が定められているか。
安全管理措置	□組織的安全管理措置を講じているか。 　□個人データの安全管理措置を講じるための組織体制の整備 　□個人データの安全管理措置を定める規程などの整備と規程などに従った運用 　□個人データの取扱状況を一覧できる手段の整備 　□個人データの安全管理措置の評価、見直しおよび改善 　□事故または違反への対処 □人的安全管理措置を講じているか。 　□雇用契約時における従業者との非開示契約の締結、および委託契約など(派遣契約を含む。)における委託元と委託先間での非開示契約の締結 　□従業者に対する内部規程などの周知・教育・訓練の実施 □物理的安全管理措置を講じているか。 　□入退館(室)管理の実施 　□盗難等の防止 　□機器・装置などの物理的な保護

付録

項目	チェック項目
安全管理措置	□技術的安全管理措置を講じているか。 　□個人データへのアクセスにおける識別と認証 　□個人データへのアクセス制御 　□個人データへのアクセス権限の管理 　□個人データのアクセスの記録 　□個人データを取り扱う情報システムについての不正ソフトウェア対策 　□個人データの移送・送信時の対策 　□個人データを取り扱う情報システムの動作確認時の対策 　□個人データを取り扱う情報システムの監視

付録2
マイナンバー保護
チェックリスト

　企業において、マイナンバーに関する法令やガイドラインなどを読みその内容を理解して、マイナンバーの管理が適切に行われているかどうかをチェックすることは容易ではない。そこで、参考までにマイナンバーの管理ポイントを以下にまとめたので、実務を行う上での参考にされたい。

　なお、詳細な点を理解するためには、根拠条文を参照したり、個人情報保護ガイドラインを参照したりするとよい。

項目	チェック項目
組織・体制	☐マイナンバーに関する責任部署(本社、各部署・事業所など)が明確になっているか。 ☐マイナンバーの事務取扱者(責任者・担当者)が明確になっているか。 ☐マイナンバーを取り扱う部署および業務範囲が適切か(個人番号利用事務(健康保険組合等)、個人番号関係事務(給与所得の源泉徴収票、支払調書、健康保険・厚生年金保険被保険者、資格取得届出など)。 ☐マイナンバーに関する取扱いを外部委託している場合には、その主管部署が明確になっているか。

199

項目	チェック項目
規程・業務マニュアル	☐マイナンバーに関する基本方針が定められているか。 ☐マイナンバーに関する取扱規程が定められているか。 ☐マイナンバーに関する取扱規程の策定に際して、「特定個人情報の適正な取扱いに関するガイドライン（事業者編）」などを参照しているか。 ☐個人情報保護に関する規程・マニュアルについて、マイナンバーによる影響が反映されているか。 ☐人事マニュアルについて、マイナンバーによる影響が反映されているか。 ☐情報セキュリティポリシー・規程などについて、マイナンバーによる影響が反映されているか。
特定個人情報ファイル	☐特定個人情報保護ファイル（個人番号を含む個人情報ファイル）が作成されているか。 ☐特定個人情報ファイルは、一般の個人情報データベースと独立しているか。 ☐特定個人情報ファイルのアクセス権は、業務上必要な者（個人番号利用事務、個人番号関係事務）だけに付与されているか。 ☐パスワードは、適切か（桁数、英数字・記号・大文字小文字）。また、変更頻度は適切か。 ☐生体認証を用いている場合には、その登録は適切に行われているか。 ☐特定個人情報保護ファイルのバックアップを適切に取得しているか。 ☐同バックアップ媒体などの管理は、適切に行われているか。 ☐特定個人情報ファイルへのアクセスログを取得し、アクセス状況をモニタリングしているか。 ☐特定個人情報保護ファイルが、個人情報管理台帳や情報資産管理台帳に記載されているか。
マイナンバーの取得	☐マイナンバーの取得は、社会保障および税に関する手続書類の作成事務を処理するために必要がある場合に限って行われているか。 　☐入社、身上関係変更（結婚、被扶養者追加など）、休職・復職、組織異動（分社、出向など）、証明書発行、退社など個人番号が必要な場合以外で、個人番号の提供を求めていないか。 　☐社会保険関係手続、雇用保険、健康保険、厚生年金保険等、税務関係手続、年末調整、源泉徴収などの書類作成事務以外で個人番号の提供を求めていないか。

項目	チェック項目
マイナンバーの取得	□マイナンバーの取得に際して、本人などに利用目的を通知しているか。 □マイナンバーの取得方法は、必要な者以外に見られないような方法で行われているか。
利用・提供	□マイナンバーの利用は、法律に規定された社会保障、税および災害対策に関する事務に限定されているか。 □マイナンバーに関する業務マニュアルなどで、マイナンバーの利用範囲が明確に定められているか。 □マイナンバーの取扱責任者および担当者は、利用範囲を理解しているか。 □社会保障および税に関する手続書類の作成事務を行う必要がある場合を除いて、本人などに対してマイナンバーの提供を求めていないか。
保管	□マイナンバーの保管場所・保管期間・責任者・根拠法令などが、個人情報管理台帳などで明確になっているか。 □書類の場合には、キャビネットに施錠保管されているか。鍵の管理(保管場所、スペアキーなど)は適切に行われているか。 □マイナンバーに関する業務マニュアルなどで、マイナンバーの保管期間が明確になっているか。 □マイナンバーの棚卸が行われているか。
開示・訂正・利用停止等	□開示・訂正・利用停止等の取扱いが、規程や業務マニュアルで明確に定められているか。 □開示・訂正・利用停止等に関する責任者・担当者が定められているか。 □開示・訂正・利用停止等に関する記録が残されているか。 □開示・訂正・利用停止等への対応が適時かつ適切に行われているか。
廃棄	□社会保障および税に関する手続書類の作成事務を処理する必要がなくなった場合、マイナンバーをできるだけ速やかに廃棄または削除しているか。 □所管法令において定められている保管期間を経過した場合には、マイナンバーをできるだけ速やかに廃棄または削除しているか。

付
録

項目	チェック項目
安全管理措置	□基本方針で定められている内容が適切か。 （事業者の名称、関係法令・ガイドラインなどの遵守、安全管理措置に関する事項、質問および苦情処理窓口など） □取扱規程等で定められている内容が適切か。（取得、利用、保管、提供、削除・廃棄の管理段階ごとに取扱方法、責任者・事務取扱担当者、任務など） 〈組織的安全管理措置〉 □組織体制が適切に整備されているか。 □取扱規程にもとづいて運用されているか。（システムログ、利用実績を記録しているか。） □取扱状況を確認する手段が整備されているか。 □情報漏洩等事案に対する体制が整備されているか。 □特定個人情報等の取扱状況を把握し、安全管理措置の評価、見直し、改善に取り組んでいるか。（自己点検、他部署による点検、監査） 〈人的安全管理措置〉 □事務取扱者が取扱規程等にもとづいて業務を行っているかどうかを監督しているか。 □事務取扱者に対して、特定個人情報等の適正な取扱いに関して周知徹底しているか。また、教育を行っているか。 〈物理的安全管理措置〉 □特定個人情報ファイルを取り扱う情報システムを管理する区域や特定個人情報等を取り扱う事務を実施する区域を明確にして、入退室管理、機器の持ち込み制限、壁・間仕切り・座席配置などの物理的な安全管理措置を講じているか。 □特定個人情報を取り扱う機器および電子媒体などの盗難・紛失防止等のための物理的な安全管理措置を講じているか。 □特定個人情報等が記録された電子媒体などを持ち出す場合には、暗号化、パスワードによる保護、施錠された搬送容器の利用、封緘、目隠しシールの貼付などの物理的な安全管理措置を講じているか。 □個人番号または特定個人情報ファイルを削除した場合、電子媒体などを廃棄した場合には、溶解、専用のデータ削除ソフトウェアによる消去など、復元できない手段で削除・廃棄しているか。（情報システムに自動削除の機能を設けてもよい）

項目	チェック項目
安全管理措置	〈技術的安全管理措置〉 □特定個人情報ファイルのアクセス管理が適切に行われているか。 □アクセス者(事務取扱担当者)を適切に識別しているか。 □外部からの不正アクセス等を防止する対策が講じられているか。(ファイヤウォール、情報セキュリティ対策ソフトウェア、IPS(侵入防止システム)、IDS(侵入検知システム)、ログ分析など) □特定個人情報等をインターネットなどで外部送信する場合には、情報漏洩等を防止するための対策が講じられているか。(通信経路の暗号化、データの暗号化、パスワード保護など) □ウイルス感染した場合に備えて、出口対策(不正なサイトへのアクセスの検知・自動遮断など)、内部対策(振舞い検知、暗号化など)が講じられているか。
インシデント対応	□マイナンバーに関わるインシデントが発生した場合の対応体制が整備されているか。 □インシデントの対応手順が定められているか。 　□報告書の書式 　□報告ルート 　□報告時期 　□当局への報告 　□本人への連絡等 □対応手順は、関係者に周知されているか。 □インシデント対応に関する訓練が実施されているか。 □訓練の結果、明らかになった課題について、改善されているか。

付録

参 考 文 献

法律・ガイドライン

1) 「個人情報の保護に関する法律等の一部を改正する法律」(2020 年 6 月 12 日公布)
2) 「デジタル社会の形成を図るための関係法律の整備に関する法律」(2021 年 5 月 19 日公布)
3) 「個人情報の保護に関する法律及び行政手続における特定の個人を識別するための番号の利用等に関する法律の一部を改正する法律」(2015 年公布)
4) デジタル社会形成基本法(令和三年法律第三十五号、2021 年 9 月 1 日施行)
5) 「個人情報の保護に関する法律及び行政手続における特定の個人を識別するための番号の利用等に関する法律の一部を改正する法律」(2015 年公布)
6) 「行政手続における特定の個人情報を識別するための番号等の利用等に関する法律」(2013 年公布)

個人情報保護委員会

7) 個人情報保護委員会:「個人情報の保護に関する法律についてのガイドライン(通則編)」(2021 年 10 月一部改正、未施行)
8) 個人情報保護委員会:「「個人情報の保護に関する法律についてのガイドライン」及び「個人データの漏えい等の事案が発生した場合等の対応について」に関する Q & A」(2017 年 2 月 16 日、2021 年 9 月 30 日更新)
9) 個人情報保護委員会:「特定個人情報の適正な取扱いに関するガイドライン(事業者編)」(2014 年 12 月 11 日、2021 年 8 月一部改正、2022 年 4 月施行)
10) 個人情報保護委員会:「学術研究分野における個人情報保護の規律の考え方(令和 3 年個人情報保護法改正関係)」、2021 年 6 月
    https://www.ppc.go.jp/files/pdf/210623_gakujutsu_kiritsunokangaekata.pdf
11) 個人情報保護委員会:「特定個人情報の適正な取扱いに関するガイドライン(事業者編)」、2014 年 12 月 11 日(2021 年 8 月一部改正)
12) 個人情報保護委員会:「個人情報の保護に関する法律に係る EU 及び英国域内から十分性認定により移転を受けた個人データの取扱いに関する補完的ルール」(2019 年 1 月 23 日施行)
13) 個人情報保護委員会 訳:「GDPR(General Data Protection Regulation:一般データ保護規則)」(2018 年 5 月 25 日施行)

https://www.ppc.go.jp/files/pdf/gdpr-provisions-ja.pdf

14) 個人情報保護委員会：「個人情報の保護に関する法律等の一部を改正する法律について」、2020 年 12 月 4 日
https://www.soumu.go.jp/main_content/000720822.pdf

15) 個人情報保護委員会：「GDPR（General Data Protection Regulation：一般データ保護規則）」(2021 年 11 月 11 日閲覧)
https://www.ppc.go.jp/enforcement/infoprovision/laws/GDPR/

16) 個人情報保護委員会 訳：欧州委員会—概況報告「データ保護改革包括案に関する質疑応答」、2017 年 5 月 24 日
https://www.ppc.go.jp/files/pdf/Factsheet-20170524QandA.pdf

17) 個人情報保護委員会：「個人情報保護法の成立及び改正に関する主な経緯」
https://www.ppc.go.jp/files/pdf/personal_development.pdf

Web・書籍等

18) 経済産業省：「システム管理基準」、2018 年 4 月 20 日

19) 日本年金機構：「年金振込通知書の印刷誤りについて」、2021 年 10 月 6 日
https://www.nenkin.go.jp/oshirase/taisetu/2021/202110/100602.html

20) 内閣官房 IT 総合戦略室 パーソナルデータ関連制度担当室：「個人情報の保護に関する法律及び行政手続における特定の個人を識別するための番号の利用等に関する法律の一部を改正する法律案＜概要（個人情報保護法改正部分）＞」、2015 年 4 月
https://www.soumu.go.jp/main_content/000355092.pdf

21) 首相官邸「個人情報保護法の改正のポイント」
http://www.kantei.go.jp/jp/singi/it2/pd/pdf/gaiyou.pdf

22) ITGI Japan：「COBIT 2019」(2021 年 11 月 11 日閲覧)
https://www.itgi.jp/index.php/cobit2019/background

23) 経済産業省デジタル産業の創出に向けた研究会：「DX レポート 2.1（DXレポート 2 追補版）」、2021 年 8 月 31 日

24) 文部科学省・厚生労働省・経済産業省：「個人情報保護法等の改正に伴う研究倫理指針の見直しについて」、2017 年 2 月 15 日

25) IIA：「IIA の 3 ラインモデル　3 つのディフェンスラインの改訂」、2020 年 7 月
https://na.theiia.org/translations/PublicDocuments/Three-Lines-Model-Updated-Japanese.pdf

26) 島田裕次：『はじめての内部監査』、日科技連出版社、2020 年

27) 島田裕次：『よくわかるシステム監査の実務解説』、同文舘出版、2019 年

28）　島田裕次：『情報セキュリティの基本』、日本実業出版社、2017 年

29）　島田裕次：『ポケット図解 最新 J-SOX 法がよ～くわかる本』、秀和システム、2007 年

30）　島田裕次：『個人情報保護法への企業の実務対応―モデル規程によるマネジメントシステムの構築と運用のポイント』、日科技連出版社、2003 年

31）　島田裕次・榎木千昭・満塩尚史：『ネットビジネスのセキュリティ』、日科技連出版社、2000 年

32）　瀬戸洋一 編著、長谷川久美 著：『ISO/IEC 29134 対応 プライバシー影響評価実施マニュアル』、日科技連出版社、2020 年

33）　トレッドウェイ委員会組織委員会 著、鳥羽至英・八田進二・高田敏文 訳：『内部統制の統合的枠組み―ツール篇』、白桃書房、1996 年

34）　日本システム監査人協会 監修：『6 ヶ月で構築する個人情報保護マネジメントシステム実施ハンドブック（第 2 版）』、同文舘出版、2019 年

35）　日本内部監査協会・八田進二・橋本尚・堀江正之・神林比洋雄 監訳、日本内部統制研究学会 COSO-ERM 研究会 訳：『COSO 全社的リスクマネジメント―戦略およびパフォーマンスとの統合』、同文舘出版、2018 年

索　　引

索　引

著者紹介

島田裕次（しまだ　ゆうじ）　博士（工学）
東洋大学総合情報学部教授。東洋大学産学協同教育センター　センター長
川越市個人情報保護審議会会長（2019 年～）

[略歴]
　1979 年早稲田大学政治経済学部卒業。同年東京ガス株式会社入社。情報通信部、経理部などで勤務し、2000 年から監査部で勤務（情報システム監査グループマネージャー、業務監査グループマネージャー、会計監査グループマネージャーを歴任）。2009 年 4 月より現職。日本大学商学部非常勤講師（コンピュータ会計論）を兼務

[資格]
　公認内部監査人（CIA）、公認情報システム監査人（CISA）、経済産業省システム監査技術者

[主な著書]
　『はじめての内部監査』（単著）、『内部監査の実践ガイド』、『内部監査人の実務テキスト［基礎知識編］』、『同［業務知識編］』（編著、いずれも日科技連出版社）、『よくわかるシステム監査の実務解説（第 3 版）』（同文舘出版）、『内部監査入門』（翔泳社）、ほか多数

個人情報保護法への企業の対応
リスクマネジメントと事例から見た実務の要点

2021 年 12 月 28 日　第 1 刷発行

検印
省略

著　者　島　田　裕　次
発行人　戸　羽　節　文

発行所　株式会社　日科技連出版社
〒151-0051　東京都渋谷区千駄ケ谷 5-15-5
　　　　　DS ビル
　　　　　電話　出版　03-5379-1244
　　　　　　　　営業　03-5379-1238

印刷・製本　㈱三秀舎

Printed in Japan

© Yuji Shimada 2021
ISBN 978-4-8171-9749-8

URL　https://www.juse-p.co.jp/